Johann Georg Büsch

Ueber die Frage, gewinnt ein Volk in Absicht auf siene Aufklärung dabei,

wenn seine Sprache zur Universal-Sprache wird?

Johann Georg Büsch

Ueber die Frage, gewinnt ein Volk in Absicht auf siene Aufklärung dabei, *wenn seine Sprache zur Universal-Sprache wird?*

ISBN/EAN: 9783743449060

Hergestellt in Europa, USA, Kanada, Australien, Japan

Cover: Foto ©Thomas Meinert / pixelio.de

Manufactured and distributed by brebook publishing software (www.brebook.com)

Johann Georg Büsch

Ueber die Frage, gewinnt ein Volk in Absicht auf siene Aufklärung

dabei,

Ueber die Frage:

Gewinnt ein Volk

in Absicht auf seine Aufklärung

dabei,

wenn seine Sprache

zur Universal-Sprache

wird?

von

J. G. Büsch

Professor in Hamburg.

———

Berlin,
bey C. Spener
1787.

Vorerinnerung.

Ich habe viele Gründe zu wünschen, daß man von dieser kleinen Schrift nicht etwan annehme, als wenn ich eben jetzt erst Muth faßt, mit ihr hervorzutreten. Sie ward vor beinahe zwei Jahren von mir aufgesetzt, so bald ich die Preißschrift gelesen hatte, welche dieselbe veranlaßt hat. Ich bestimmte sie aber für eine Sammlung anderer Abhandlungen, welche ich unter der allgemeinen Aufschrift Erfahrungen nächstens her-

A 2

herauszugeben Willens bin. Da mir jedoch bisher die Zeit gefehlt hat an diese Sammlung die letzte Hand zu legen, und sie doch auch eines mit jenen Abhandlungen zu wenig verwandten Inhalts ist, so habe ich sie nicht länger zurückhalten wollen. Sie erscheint ohne alle Umänderungen so, wie ich sie verschiedenen meiner Freunde in ihrer ersten Ausarbeitung mitgetheilt habe.

In:

Inhalt.

§. 1. Veranlaſſung dieſer Schrift.

2. Ihre Abſicht iſt nicht Herabwürdigung der franzöſiſchen Nation, ihrer Sprache und ihrer wirklichen Verdienſte um die Wiſſenſchaften.

3. Aufklärung in mancher Kenntniß kann ohne Ausbildung, aber nicht ohne Erweiterung der Sprache zunehmen. Die Sprache kann ſogar unter dieſer Aufklärung in ihrer Vollkommenheit ſinken.

4. Nur mit den Werken des Witzes hält es ſchwerer in einer nicht reichen und ausgebildeten Sprache.

5. Dennoch kann ſich der Dichter über dieſe Schwierigkeit hinausheben.

6. Doch gewinnt ein ſchöner Geiſt ſehr durch Kenntnis mehrerer Sprachen.

7. So

A 3

7. So auch der Schriftsteller in der practi=
schen Philosophie.

8. Bis zu unsern Zeiten haben die todten
Sprachen unsern besten Köpfen die gute richtige
Wendung gegeben.

9. Die Aufklärung eines Volkes in Sachen=
Kenntnissen zeigt sich in dessen Werken des Witzes
nur mangelhaft.

10. Denn sie steht in einem nur schwachen
Zusammenhange mit der Ausbildung der Sprache
einer Nation.

11. Erweiterung der Sprache ist eine noth=
wendige Folge der Erfindsamkeit in practischen
Dingen, diese aber keinesweges eine Folge der
Verfeinerung einer Sprache.

12. Eben dieß gilt auch von speculativen
Kenntnissen.

13. Die dadurch erweiterte, wenn gleich
nicht verfeinerte Sprache wird das Mittel zur
Mittheilung dieser Kenntnisse nur für das Volk,
das diese Sprache versteht.

14. Ein

14. Ein aufgeklärtes Volk ist, in welchem sich viele Beweise von richtiger Anwendung des Verstandes in allen Gegenständen menschlicher Kenntnisse finden. Diese Aufklärung ist theils eine intensive theils extensive.

15. Beide sind gewöhnlich mit einander verbunden.

16. Die extensive Aufklärung nimmt ab in einem Volke, wenn die intensive stille steht.

17. Doch kann sie von einem Volke, wo die intensive Aufklärung noch im Zuwachs ist, zu dem andern übergehen.

18. Bemerkung, daß die Schriften der großen Männer neuerer Zeit, durch welche die intensive Aufklärung so sehr gewonnen hat, nichts zur Verfeinerung derer Sprachen, in welchen sie schrieben, beigetragen habe.

19. Aber auch die Schriften derer, welche deren Entdeckungen in einer gefallendern Schreibart vorgetragen, haben nur der extensiven Aufklärung gedient.

20. Ein

20. Ein Beweis vom Stillstehen der intensiven Aufklärung sind die Wörterbücher über Real-Wissenschaften.

21. Ein zweiter die überflüßigen Commentare über die Werke der bewunderten Vorgänger, und wiederholte Darstellung von deren Systemen.

22. Ehemals erschienen fast alle Beiträge zur intensiven Aufklärung in der lateinischen Sprache; jetzt in den lebenden Sprachen der Völker, in welchen deren Urheber leben.

23. Ehemals durften um intensiver Aufklärung willen nur zwei Völker eins des andern Sprache lernen.

24. Jetzt sind es wenigstens fünf Völker, die in dieser Absicht eines des andern Sprache billig kennen müßten.

25. Zwei polizirte aber in Ansehung ihrer Sprache ganz isolirte Völker sind die Chineser und Japaneser.

26. In Europa kann sich ein Volk durch zwei Veranlassungen mit seiner Sprache isoliren:

1) wenn

1) wenn es ihm so sehr an Aufklärung fehlt, daß ihm nicht der Wunsch entsteht, bei andern Völkern Aufklärung zu suchen.

27. 2) wenn es kein Bedürfnis fremder Sprachen in Rücksicht auf Aufklärung und für die Zwecke des bürgerlichen Lebens zu fühlen glaubt.

28. Eben dieß ist die Folge einer zu allgemeinen Verbreitung der Sprache.

29. Der Vortheil von der allgemeinen Verbreitung der französischen Sprache wird jetzt von jedem Volke benutzt, das dessen gelegentlich bedarf.

30. Wir Deutsche fühlen und erkennen vorzüglich die Nothwendigkeit der Erlernung mehrerer lebender Sprachen.

31. Schwierigkeit für die Engländer und

32. für die Franzosen, auch nur durch Uebersetzungen den ausländischen Zuwachs intensiver Aufklärung zu benutzen.

A 5

33. Dar

33. Daraus erfolgt Anfangs ein Stillstand und demnächst wirkliches Zurückgehen in der Aufklärung.

34. Großer Vortheil der vorzüglichen französischen Schriftsteller in der geschwinden Entscheidung über ihren Wehrt in ihrer großen Hauptstadt.

35. Folgen davon: I. wir können den Gang und Zuwachs der Aufklärung bey den Franzosen für jede Zeitperiode zuverläßig beurtheilen.

36. Anmerkungen über die von dem Grafen Rivarol aufgestellten vorzüglichen Schriftsteller seiner Nation.

37. Ueber eine verunglückte Metapher des Grafen, und ähnliche Fehler seiner Zeitgenossen.

38. II. Natürlich bethört der so laute Beifall den französischen Schriftsteller. Auch der beste deutsche Schriftsteller erfährt nichts dergleichen.

39.

39. III. Jener laute Beifall macht auch die französischen Schriftsteller in der Deutschen Urtheile größer erscheinen, als je ein Deutscher ihnen erscheinen kann.

40. Der französische Gelehrte kann auch für uns Deutsche nicht Achtung genug fassen, um die Aufklärung, die wir ihm geben könnten, zu benutzen.

41. Der Zustand des deutschen Buchhandels wirkt dem Ruhme deutscher Schriftsteller sehr entgegen.

42. Jetzt sind wir Deutsche das einzige Volk, in welchem kein Fortschritt anderer Völker in der Aufklärung unbekannt bleibt.

43. Bis jetzt lernen die Franzosen uns in Sachen-Kenntnissen auch nicht einmal durch Uebersetzungen kennen.

44. Inzwischen eilen wir in allem, was zur intensiven Aufklärung beiträgt, andern Nationen vorjetzt vor.

45. Un-

45. Unsre Bibliotheken zeugen davon, und kommen uns zu Hülfe.

46. Mittheilung der Verachtung deutscher Gelehrsamkeit von den Franzosen her.

47. Lange fehlte es den deutschen Gelehrten an denen Sitten und an der Sprache des Umgangs, wodurch sie den Großen sich hätten angenehm und Achtungswehrt machen können.

48. Erinnerung an unsre Gelehrte, unsern Großen dankbarer zu seyn, als manche unter ihnen wirklich sind.

––––––––––

§. I.

§. 1. Vor zwey Jahren entschied eine bekannte deutsche Societät der Wissenschaften über die Preis = Frage: Was die französische Sprache zu einer Universal = Sprache gemacht habe, wodurch sie diesen Vorzug verdiene; und ob es zu vermuthen sey, daß sie ihn lange behalten werde?

Sie hat von den ihr eingesandten Preisschriften zwey durch den Druck bekannt gemacht, von welcher die nicht gekrönte, sondern blos mit dem Accessit beehrte die Sache mit einer gründlichen und zweckmäßig angewandten Gelehrsamkeit so ausmacht, daß man wenig mehr über dieselbe zu wissen verlangt. Ich, der ich nie eine Preisschrift geschrieben habe, auch nie eine schreiben werde, gebe mir selbst die Frage auf, und werde sie beantworten:

Ist es in dem jetzigen Zustande der Wissenschaften einem Volke in Absicht auf den

Fort=

Fortgang seiner Aufklärung vortheilhaft, wenn seine Sprache zur Universalsprache wird?

Ob ich diese Frage preiswürdig behandeln werde, mögen andre beurtheilen. Wenigstens werde ich sie nicht so ängstlich behandeln, als ich vielleicht thun mögte, wenn ich dabey auf die Preismedaille, auf den aus der Gewinnung des Preises mir erwachsenden Ruhm oder auf die Gesinnung meiner künftigen Richter hinaus denken müßte, die vielleicht schon zum voraus beschlossen haben, nur diejenige Antwort zu krönen, die mit der Absicht, in welcher sie fragten oder auf höhern Geheiß fragen mußten, oder die mit ihrer eignen vorher gefaßten Meinung zutrift.

Aber Wahrheit will ich sagen; Wahrheit, so gut ich sie weis und einsehe.

§. 2. Zuvörderst muß ich erklären, daß ich nichts gegen die für die französische Nation so rühmlichen Gründe hier einzuwenden habe, welche nach der Angabe jener beiden Preisschriften ihrer Sprache diesen Vorzug zu Wege gebracht

haben,

haben, und daß ich insonderheit davon überzeugt bin, daß die französische Sprache im vorigen Jahrhundert nicht dazu gelangt seyn würde, wenn nicht die Nation selbst, die sie redete, eben damals andern Nationen so sehr in der Auf= klärung vorgeeilt gewesen wäre. Für eben so ge= wiß halte ich es, daß kein Volk zu dem Glück und der Ehre, seine Sprache weiter verbreitet zu sehen, gelangen könne, wenn nicht zu den Vorzügen einer feinern Cultur und politischen Gewichts, denen man in Ansehung Frankreichs so viel einräumen muß, auch ein vorzüglicher Grund der zunehmenden Aufklärung kömmt. Auch nehme man in dem ganzen Inhalt dieser Schrift nichts so an, als wenn ich das Verdienst dieser Nation um die bisher bewirkte allgemeine Aufklärung in unserm Erdtheile, oder das, was einzelne Männer in derselben noch fortdauernd zu dieser Aufklärung beitragen, im geringsten verkenne. Ich weiß und erkenne es sehr leb= haft, was ich den Schriftstellern dieses Volks in so mancher Kenntniß zu verdanken habe, worinn ich etwas zu vermögen glaube. Mit Freuden erinnere ich mich, wie viel heller es in

mei=

meinem Kopfe ward, als ich in meinem siebenzehnten Jahre es dahin brachte, daß ich neben denen beiden Sprachen, der lateinischen und der Deutschen, durch welche beide allein ich mich bis dahin unterrichtet hatte, auch die französische benutzen konnte. Die Frage ist hier bloß diese: ob, wenn ein Volk diesen an sich so großen Vortheil erlangt hat, seine Sprache in einen sehr allgemeinen Gebrauch gesetzt zu sehen, der Fortgang von dessen bis dahin erlangter Aufklärung dadurch befördert oder gehindert werde.

§. 3. Daß die Aufklärung einer Nation mit der Ausbildung von deren Sprache überhaupt in einem genauen Zusammenhange stehe, ist ausser Zweifel und der Beweis davon darf nicht erst von mir erwartet werden. Indessen ist doch auch wahr, daß Aufklärung in gewissen Kenntnissen in einem Volke entstehen kann, das eine sonst ganz rohe und unausgebildete Sprache hat, die alsdann überhaupt in ihrem unvollkommenen Zustande bleibt.

Aber eben der Erfindsamkeit, welche neue Begriffe entwickelt, neue Erfahrungen macht,

und

und neue Handgriffe und Werkzeuge für die Kün=
ste entdeckt, wird es alsdann ein leichtes, auch
neue dazu paſſende Ausdrücke zu erfinden, und
für dieſe von ihr erweiterte Kenntniß ſo wol, als
für die damit verbundene Praktik eine gewiſſer=
maßen neue Sprache zu erſchaffen. In dem
Mittelalter hatte kein Volk in Europa eine nur
einigermaßen ausgebildete Sprache. Faſt alle
Sprachen waren, wie jetzt, noch Dialekte der
um dieſe Zeit ſich verlierenden ältern Sprachen,
aber in einem ſo unbeſtimmten Zuſtande, daß
man von manchem dieſer Dialekte noch nicht
wußte, ob die ſich einmiſchende neue, oder ob
die alte den Stamm der ſich bildenden neuen
Sprache abgeben ſollte. Und eben dieſe Zeiten
waren ſo reich an den herrlichſten Erfindungen,
aus welchen ich nur die Brillen, die miechaniſchen
Uhren, die Wind= und Waſſermühlen, und den
Bergbau; den inſonderheit Deutſche zu einer
großen Vollkommenheit brachten, nennen will.
Die auf dieſe Erfindungen ſich beziehende Kunſt=
ſprache fand ſich von ſelbſt dazu. Eben ſo ging
es bei intellektuellen Wahrheiten. Man mag die
ſcholaſtiſche Philoſophie ſo ſehr herabwürdigen,

B   als

als man will; gewiß bleibt es doch immer, daß
die Begriffe von intellektuellen Dingen in keiner
philosophischen Schule so genau auseinander ge=
setzt sind, als in dieser. In eben dieser Schule
verlor die Lateinische Sprache, die sie doch im=
mer zu üben fortfuhr, äußerst an ihrer Ausbil=
dung. Aber sie brachte in eben dieselbe eine phi=
losophische Sprache hinein, die ihr bisher gefehlt
hatte, die kein Cicero oder Seneca kannte, die
aber doch eine gewisse Analogie mit der gangba=
ren Sprache behauptete, reicher war, als sie je
in einem Zeitalter der Philosophie gewesen ist,
aus welcher wir so vieles beibehalten haben,
und noch immer manches wieder hervorsuchen
könnten.

§. 4. Wahr ist es, daß ein jedes Volk in den=
jenigen Geistesarbeiten, welche Witz und Einbil=
dungskraft voraussetzen, gar sehr von der Aus=
bildung und dem Reichthum seiner Sprache ab=
hängt. Die unerwartete Zusammenstellung von
Ideen, die nur eine entfernte Aehnlichkeit mit
einander haben, Erfindung einer Aehnlichkeit
oder Analogie, die sich niemand vorhin einbilde=
te,

te, aber auch ein jeder in der Rückſicht, in wel=
cher ſie angegeben wird, geſchwinde mit einſieht
und gelten läßt, ſind das eigentliche Geſchäft
des Witzes, das aber ſehr ſchlecht fortgeht, wenn
dieſe Analogien in einer armen, rauhen und nicht
gehörig lenkſamen Sprache ausgedruckt werden
ſollen. Wie ſchwer ward es unſern deutſchen
Schriftſtellern im vorigen Jahrhunderte witzig
zu ſeyn. Ich habe ſchon ſeit dreißig Jahren eine
Sammlung von Proben des Aberwitzes geſam=
melt, der im vorigen Jahrhundert in deutſchen
witzig ſeyn ſollenden Schriften ſich zeigt. Sie
ſollte mir zu Materialien der näheren Unterſu=
chung dienen: wie der Gang der Gedanken auch
für gute Köpfe von der Unvollkommenheit einer
Sprache abhange? denn unter dieſen Proben
ſind verſchiedene von Männern, die ſich ganz
anders zeigten, wenn ſie Lateiniſch, als wenn ſie
in der Sprache ſchrieben, welche die Künſteleien
der fruchtbringenden Geſellſchaft noch ärmer
machten, als ſie vorhin war, aber ihr einen fal=
ſchen Putz und Geziere gaben, deſſen ſie ihrer
Grundlage nach nicht fähig iſt, und die ſie zu Lu=
thers Zeiten nicht gehabt hatte.

§. 5.

§. 5. Nicht allerdings so viel Schwierigkeit hat der Dichter in der Darstellung der ihm sich anbietenden Bilder in seiner Dichtersprache. Seine Bilder müssen von Sachen und Handlungen hergenommen sein, die nicht so ganz neu, sondern die schon in dem Volke bekannt sind, weil sonst niemand sie verstehen würde, und für welche folglich die Sprache des Volkes schon Ausdrücke hat. Ihm ist die Kühnheit erlaubt, für Nebenbestimmungen seines Bildes Ausdrücke zu erfinden, oder sie aus andern den Regeln der Sprache gemäß zusammen zu setzen. Gewiß mehrere tausend Wörter, die in keines Griechen Ohr bis dahin erschallt waren, erschienen in Homern zuerst, und ein am allgemeinsten anerkanntes Verdienst Klopstocks und seiner glücklichern Nachahmer ist doch gewiß die Bereicherung unsrer Sprache. Indessen hat doch der Dichter es unendlich leichter in der richtigen treffenden und lebhaften Darstellung seiner Bilder, wenn ihm eine reiche, lenksame und ausgebildete Sprache die Auswahl und die Stellung des Ausdrucks für seine Bilder sogleich darbietet. Ein Dichter unsrer Zeit hat es doch bei gleichen Dich-

terga:

tergaben weit leichter, als jene Minnesinger und
deren Zeitgenossen es hatten.

§. 6. Aber mag doch eine Sprache noch so
reich und ausgebildet sein, so hat auch der feinste
Kopf nicht allerdings genug an dieser Einen
Sprache. Die Worte sind Zeichen unsrer Ge=
danken. Sie werden es auch dem Thiere, das
man abrichtet, in einer Bestimmung, die für das
Thier immer eben dieselbe bleibt. Aber die Fä=
higkeit der menschlichen Seele, deren Gründe
und Regeln meines Wissens noch von niemanden
psychologisch untersucht sind, unter diesen Zeichen
eine Wahl zu treffen, in deren Stellung eine
Schönheit zu finden und zu fühlen, und die klei=
nen Nüanzen zwischen deren beinahe gleichen
Bedeutungen so geschwind, so richtig zu bemer=
ken, diese Fähigkeit reift nicht leicht in dem
Kopfe eines Mannes aus, der nur seine Sprache
recht kennt und übt, wenn gleich dieselbe sehr
ausgebildet ist. Gewinnet er sie durch vieles
Lesen guter Muster in dieser Sprache, so wird er
vielleicht zu sehr Nachahmer bleiben. Hat er
aber Muster ähnlichen Inhalts in mehreren

B 3   Spra=

Sprachen gelesen, so wird das Gefühl von der
Schönheit, die in den ausdrücklichen Gedanken
und der Auswahl und Stellung der Worte liegt,
weit allgemeiner und sichrer. Er geräth über die
Gefahr der bloßen Nachahmung hinaus; wird
nicht so eintönig werden, wie alle unsre Dichter-
linge sind, welchen man es so bald anmerkt, daß
sie ihre Muster nur in Einer Sprache gelesen
haben. Gesetzt, ein junger Mann fühlt in sich
Kraft, ein Lehrgedicht zu schreiben. Ist er ein
Originalgenie, hat er Sachen im Kopf, Gefühl
im Herzen und wahre Dichtergaben, so braucht
er nicht viele Muster zu lesen, und wirds
schon treffen. Aber er wird doch etwas lesen
wollen, um sich in der Stellung der Gedanken einigermaßen darnach zu richten. Er lese
also einige gute Muster blos in seiner Sprache;
wie bald wird man ihm die Nachahmung anmer-
ken! Aber mit einer ganz andern Kraft wird er
dies thun, wenn er Horazens und Boileaus Epi-
steln, wenn er insonderheit Popen und andre
Engländer gelesen hat! Dann wird er ein sichres
Gefühl poetischer Schönheit in einer Dichtart
gewinnen, in welcher die Einbildungskraft we-
niger,

niger, als in den übrigen zu schaffen hat, und
wo richtige Gedanken, Kraft und Richtigkeit im
Ausdruck, treffende Wendungen, eine der Sache
gemäße, und nicht länger, als der Inhalt es zu-
läßt, unterhaltene Lebhaftigkeit doch etwas mehr
als Harmonie, Fall der Worte und richtige Ver-
sification gelten.

§. 7. Eben dies gilt von allen Werken des
Geschmacks, welche diese oder jene Sacherkenntniß, insonderheit die zur praktischen Philosophie
gehörenden, zum Gegenstand haben. Der Ausdruck, in welchem gute moralische Gedanken ein-
dringend vorgetragen werden, lernt sich wahrhaftig nicht gut in Einer Sprache allein. Von
wem kommen die wässerigten moralischen Schriften, Predigten, Wochenblätter, womit Deutschland so sehr überschwemmt wird, anders, als
von Leuten her, die nur aus Einer Quelle, aus
ihren deutschen Vorgängern getrunken hatten?
Und warum liest man noch immer den Zuschauer
und andre brittische Werke ähnlichen Inhalts so
gern? Blos deswegen, weil deren Verfasser
ihre Schreibart durch Belesenheit in mehreren

Spra-

Sprachen gebildet hatten. Man wird mir eins
wenden können, daß doch die ersten schönen Gei=
ster unter den Griechen nur Eine Sprache kann=
ten, und die spätern unter ihnen, weil sie schon
ihre Vorgänger fanden, nur durch Lesung Ei=
ner Sprache. ihren Witz und Geschmack so herr=
lich ausgebildet haben. Aber ich behaupte ja
nicht, daß ein originaler Kopf durch den Ge=
brauch und die Kenntniß Einer Sprache nicht
sollte sich ausbilden, die Sprache mit sich aus=
bilden, und sie in der ganzen Kraft, deren sie fä=
hig ist, in den Produkten seines Geistes darstellen
können. Ich merke bloß an, wie viel leichter es
dem werde, der in mehreren Sprachen vorzüg=
liche Geistesprodukte lesen kann, die nicht in Ab=
sicht auf die Schälle, wodurch Gedanken ausge=
druckt werden; sondern in Absicht auf die Gedan=
ken selbst, deren Zusammenstellung, Wahl des
Ausdrucks für dieselben und die feine Unterschei=
dung des bessern und des schwächern Ausdrucks
von ihm verglichen werden können.

§. 8. Bis zu neuern Zeiten, da auch Gelehrte
selten mehr als Eine lebende Sprache, nemlich
ihre

ihre Landessprache, kannten, war ihre Ausbil⸗
dung zu schönen Geistern durch das Lesen der Al⸗
ten entstanden, und diese Ausbildung gelang⸗
doch so gut. So lange sie ihre eigene Sprache
so unvollkommen und vernachläßigt fanden, üb⸗
ten sie auch nur in Einer dieser Sprachen, in der
Lateinischen; ihre erworbene Fähigkeit. Hier
zeigte sich nun zu viel Nachahmung, und Origi⸗
nalität hatte selten Statt. Aber so wie einzelne
lebende Sprachen sich nach und nach ausbildeten,
so daß gute Köpfe Lust gewannen, auch in dieser
zu schreiben, waren es auch nur Männer, welche
jene Ausbildung genossen hatten, die sich als die
ersten guten Schriftsteller in ihrer Nation zeigten.
Wenn andre Menschen, als gute Humanisten,
es übernehmen, ihre Landessprache ausbilden
und verbessern zu wollen, so schaffen sie nichts.
Das hat unsre deutsche Sprache insonderheit er⸗
fahren. Die fruchtbringenden Gesellschafter wa⸗
ren keine Humanisten, wenigstens die nicht, die
sich am thätigsten in der Ausführung ihrer Ab⸗
sicht bewiesen. Der possirliche Christian Weise
war es auch nicht, wenn gleich ein Schulmann.
Gottsched war es auch nicht. Mosheim war es.

Ohne

Ohne sich das Ansehen zu geben, als wollte er
der teutschen Sprache ausdrücklich sich annehmen, schrieb er die Sprache so, als hätte er sie
ausgebildet gefunden. Lessing war es auch in
hohem Grade, und Klopstock ist es noch. Woher
kam dieses? Nachahmung lateinischen Styls
im deutschen war es nicht; und wo sie durch-
schien, wie sie es gewissermaßen in den langen
Perioden in Mosheims ersten deutschen Schriften that, da war es keine Vollkommenheit. Nur
daher kam es, wie ich einzusehen glaube, daß der
junge Mann, der wahren Geschmack an der Lesung der Alten findet, nicht so viel, nicht so alles durch einander, nicht alles so leicht weglesen
kann. Er wird nothwendig aufmerksamer auf
die Stellung der Gedanken, auf die Wahl der
Ausdrücke, auf die feinen Nüanzen in verwandten Ausdrücken, fühlt es, wie in einer so reichen
Sprache, als die lateinische und griechische waren, eben aus diesen Nüanzen dem Schriftsteller
ein Grund entstehen konnte, hier dieses, dort jenes Wort vorzüglich zu wählen. Er ging an die
Lesung dieser Schriften mit eben so vieler, ja oft
mit mehrerer Aufmerksamkeit auf den Ausdruck,

als

als auf den Inhalt. Darum verblieb ihm auch
ein so viel stärkerer Eindruck davon. Wir haben
jetzt doch manchen guten pragmatischen Geschichtschreiber in lebenden Sprachen. Aber wer ist
unter ihnen, der seinen Ausdruck so studirt hätte,
wie Tacitus? Jener ihre dicken Bänder lesen wir
des Inhalts halber geläufig fort. Aber wer mit
eben dieser Absicht an den Tacitus geht, wird
doch bald von dem so sorgfältig gewählten Ausdruck angezogen werden. Er wird, wenn er ihn
flüchtig gelesen und den Inhalt gefaßt hat, gern
wieder zurückkehren, und ihn des Ausdrucks halber noch einmal lesen wollen.

§. 9. Aber ich wollte ja von dem Zusammenhange reden, den die Ausbildung einer Sprache
mit der Aufklärung eines Volkes hat, und rede
noch immer von Werken des Witzes und des guten Geschmacks. Diese sind freylich oft die frü-
hesten Zeugen von dem Entstehen und dem Fortgange der Aufklärung einzelner im Volke, und die
Zeugen, auf welche die Nachwelt vor andern sieht,
wenn sie darüber urtheilen will. Aber in ihnen
selbst zeigt sich die Aufklärung, um welche es einem

nem jeden Volke am meisten zu thun seyn soll,
die Aufklärung in Sacherkenntnissen, nur in ein=
zelnen Funken, oder zufälligen Zeugnissen, die
sie davon geben. Aus allen griechischen und la=
teinischen Dichtern lernen wir nicht, bis zu wel=
chem Grade beide Völker damals auch in Sachen=
kenntnissen Aufklärung gewonnen hatten. Wer
diese kennen lernen will, muß zu andern Quellen
gehen, die nicht alle auch um der Schreibart wil=
len lesenswehrt sind.

§. 10. Denn das glaube ich geradezu sagen
zu können, daß die Aufklärung einer Nation
in Sachenkenntnissen mit der Ausbildung
von dessen Sprache in einem nur schwachen
Zusammenhange stehe.

Ich verstehe unter Sachenkenntnissen alles
das, was dem menschlichen Verstande eine Ein=
sicht von der wahren Beschaffenheit und den Ver=
hältnissen der Dinge, und eine auf nützliche Zwecke
des Lebens leitende Belehrung giebt, ihn fremde
Erfindsamkeit einsehen macht, und seine eigene
Erfindsamkeit leitet oder vermehrt.

Die

Die practiſche mit einzelnen dieſer Kenntniſſe
in Verbindung ſtehende Kunſtfertigkeit gehört
nicht zu meinem Gegenſtand. Durch Erkenntniß
entſteht Aufklärung. Oft entſteht Kunſtfertigkeit,
und erhält ſich blos unter denen, die ſie üben, bis
die Beobachtung und Unterſuchung von deren Be-
ſchaffenheit und Gründen, die Kenntniß derſelben zu dem Range einer Wiſſenſchaft erhebt, und,
wer dieſe alsdann einſehen lernt, gewinnt eine
Sacherkenntniß, gewinnt Aufklärung.

§. 11. So gieng es mit den vorhin erwähn-
ten herrlichen Erfindungen des Mittel-Alters.
Die Kunſtfertigkeit in denſelben war ſchon da,
vielleicht unbemerkt von denen, die ſich damals
Gelehrte nannten, die eben deswegen uns auch
ſo wenig von deren erſtem Urſprunge angegeben
haben. Die unvollkommene Sprache jener Zeit
hielt die menſchliche Erfindſamkeit auf keine Weiſe
auf; und als in ſpätern Zeiten mehr Aufmerkſamkeit auf dieſe Gegenſtände unter den Gelehrten entſtand, fanden ſie in der noch immer unvollkommenen Landesſprache kein Hinderniß in
Erweiterung ihrer Sachenkenntniſſe. Sie fanden

den sie' durch alle diejenigen Ausdrücke und Redensarten bereichert, welche diese Kunstfertigkeit gebrauchte. Nur diese durften sie verstehen lernen, und durften sich nicht einmal einfallen laffen, Verbefferer oder Vermehrer dieses neu entstandenen Theils ihrer Sprache abgeben zu wollen. So geht es noch mit jeder Kunst, die entweder neu entsteht, oder durch die, welche sie üben, erweitert wird. So wie sie die Sachen erfinden, finden sie den Ausdruck für diese Sachen. Wollen sie dies in einer gewiffen Analogie mit andern Ausdrücken thun, welche die Sprache schon hat, so finden sie nicht leicht eine Sprache so arm, daß sie ihnen keine solche Analogie angäbe. Fehlt sie oder fällt sie ihnen nicht ein, so erfinden sie den Ausdruck nach ihrem ersten freien Einfall. Denn das bleibt doch immer nothwendig: Die Erfindsamkeit eines Volkes kann nicht weiter gehen, ohne daß die Sprache sich mit erweiterte. Die Sprache selbst aber kann mit scheinbarem Reichthum zunehmen, kann sich berichtigen, ausbeffern, kann ihre Wendungen verfeinern, kann neue Ausdrücke aufnehmen, oder alte nach der Analogie zusam

men

menſetzen, oder umformen, um gewiſſe ſpät
erfundene Münzen in dieſen oder jenen
Begriffen beſtimmter auseinander zu ſetzen,
das alles, ſage ich, kann ſie thun, ohne daß
ſich daraus auf die vermehrte Erfindſamkeit
eben dieſes Volks in Sachen, auf welche
daſſelbe ſeine Thätigkeit leitet, ein Schluß
ziehen lieſſe.

§. 12. Eben ſo geht es in allen ſpeculativen
Sachen-Kenntniſſen. Kein tiefſinniger Kopf
wird ſich durch die Armuth der Sprache, in welcher er denkt und ſchreibt, aufgehalten finden,
Beziehungen der Dinge aufeinander, die vor ihm
kein andrer eingeſehen hat, einzuſehen, und das Re-
ſultat derſelben in Worten auszudrücken, die er gewöhnlich nach einer gewiſſen Analogie mit andern
ſchon vorhandenen Ausdrücken wählt. So entſtand die weitläuftige vielleicht überflüßig reiche
Sprache der alten Schulphiloſophie. Will er dies
nicht, oder fehlt ihm die Analogie zu ſehr, ſo erfindet er ſeinen Ausdruck, und fügt ihm eine richtige
Definition bey. Ariſtoteles erlaubte ſich noch mehr
in einer ſo reichen Sprache, als die Griechiſche iſt.

Er

Er warf manchen Ausdruck, er warf insonder=
heit seine Entelechie ohne Definition hin, und
ließ seine Nachfolger rathen, was er damit sa=
gen wollen. Neuton fand keine Schwierigkeit
bey der Entwickelung seines Syſtems der Natur
darin, daß die lateiniſche Sprache aus ihrem be=
ſten Zeitalter nicht alle Worte ihm darbot, die
er brauchte. Er ſchrieb dies Buch, das eine ſo
ganz neue Aufklärung unter die Menſchen brach=
te, in einem nur mittelmäßigen Latein, und hätte
es in jeder andern Sprache ſchreiben können.

§. 13. In jedem Volke, wo nur einige Aufklä=
rungherrſcht, und noch im Fortgange iſt, wird noch
immer etwas erdacht oder erfunden. Der Um=
kreis des menſchlichen Erkenntniſſes iſt ſo groß,
daß des Erfindens ſo leicht kein Ende werden
wird, wenn wir faſt glauben mögten, daß uns
in den wichtigſten Erfindungen ſeit einem
Jahrhundert vorgegriffen ſei. Wenn gleich der
Kopf nicht exiſtirt, der alles bisher von Men=
ſchen erfundene und erdachte faſſen könnte, ſo
geräth doch ſo mancher gute Kopf an ein einzel=
nes Fach, und erfindet und erdenkt in demſelben

etwas

etwas neues und oft etwas gutes. Die Sprache des Volks, in welchem dieser gute Kopf lebt,
wird dadurch erweitert, und nimmt den neuen
Zuwachs von Wörtern willig auf. Nun kann
aber vors erste nur in diesem Volke dieser Zuwachs der Kenntnisse verstanden und benutzt
werden.

Ein andrer erfindet und entdeckt Dinge, deren
Darstellung und Erklärung keiner neuen Aus-
brücke bedarf. Wieder ein andrer ordnet einzelne Zweige menschlicher Kenntnisse, die hier oder
dort entstanden und schon praktisch geübt waren,
bringt sie in einen Zusammenhang, zieht neue
unerwartete Resultate aus denselben, braucht
aber die Sprache seines Volks so, wie er sie findet, und bereichert sie durch neue Ausdrücke und
Redensarten, die in einer engern oder weitern
Analogie mit den schon vorhandenen stehen.
Auch da gewinnt die Sprache durch die Wissenschaft, welche hingegen der Sprache eigentlich
nichts zu danken hat. Alles aber bleibt vors erste Gewinn fürs Volk, in welchem die Aufklärung in Sachenkenntnissen diese Fortschritte
macht. Wenn sich von allem diesen nichts mehr

C   zeigt,

zeigt, dann mag das Volk die schönste, richtigste, angenehmste Sprache, es mag auch dieselbe zu einer sehr beliebten und fast allgemeinen Sprache gemacht haben: Ich behaupte dennoch, daß die Aufklärung bei demselben im Stillstande sei. Dann läuft alles darauf hinaus, daß man die bis dahin ausgearbeiteten Kenntnisse ein bischen nacharbeitet, oder vielmehr umformet, ihnen ein neues Kleid anthut, in den Vorstellungsarten ändert, und allenfalls sie a la portée de tout le monde zu bringen sucht. Auch gut! Denn das Volk wird doch dadurch allgemeiner aufgeklärt.

Hier ist der Ort für eine wichtige Anmerkung, ohne welche gemacht zu haben, ich nicht weiter gehen kann.

§. 14. Wir nennen ein Volk aufgeklärt, in welchem wir viele Beweise von richtigem Gebrauch des Verstandes in allen Gegenständen menschlicher Kenntniß finden. Diese mögen nun blos intellektuell oder einer praktischen Anwendung fähig sein. Von allen Mitgliedern eines Volks erwarten wir diese Beweise nicht: auch erwarten wir nicht, sie unter allen Volks-

classen

klaffen zu finden. Es ist uns genug, wenn wir dieselbe bey vielen bemerken, und selbst in den geringern Volksclaffen sie nicht ganz fehlen sehen. Aber auch die glückliche Bemühung einiger wenigen im Volke, durch richtige Anwendung ihres Verstandes den Umfang intellektueller und praktischer Wahrheit zu erweitern, veranlaßt uns schon, einem solchen Volke Aufklärung beizulegen. Wir haben Recht dazu. Denn sie ist gewissermaßen eine Folge der schon in dem Volke verbreiteten Aufklärung, wenigstens in gewissen Kenntnissen. In den türkischen Staaten, in Portugall und in Rußland, vor der Zeit Peters des Großen, würde gewiß kein Baco und Newton haben entstehen können. Sie hat aber auch die Verbreitung der Aufklärung im Volke zur natürlichen Folge. Die britische Nation, überhaupt genommen, würde noch lange nicht so aufgeklärt sein, als sie es wirklich ist, wenn sie keinen Baco und Newton gehabt hätte. Indessen ist es doch nicht einerlei, ob einzelne im Volke in hohem Grade aufgeklärt und in Entwickelung nützlicher Wahrheiten glücklich sind, oder ob ein großer Theil des Volks, allenfalls nur im mittleren

Grade,

Grabe, aufgeklärt iſt. Da ich auf dieſen Unter=
ſchied in der Folge oft werde zurückweiſen müſ=
ſen, und doch gerne Wiederholung und weitläuf=
tige Umſchreibung vermeiden mögte, ſo ſei mir
erlaubt, jene die intenſive, dieſe die extenſive
Aufklärung zu nennen.

§. 15. Aber beide ſtehen in einer engern Ver=
bindung mit einander, als man dem erſten An=
ſehen nach glauben mögte. Der Fortgang
einzelner Männer in der intenſiven Aufklä=
rung erregt Aufmerkſamkeit. Ihre Thätigkeit
in Verbreitung ihrer Erfindungen, Entdeckun=
gen und Bemerkungen und der aus denſelben ge=
zogenen Reſultate wirkt Anfangs auf einzelne im
Volk, die ſich freuen, doch wenigſtens das zu
wiſſen, was zu erfinden ſie nicht den Ruhm aber
auch nicht die Mühe gehabt haben, und dies geht
immer weiter. Alles Wiſſen iſt dem nicht ſchwa=
chen Kopfe angenehm. Dem ſchwächeren em=
pfiehlt es ſich eben durch den Reiz der Neuheit.
Bei ſtärkern Köpfen erweckt es eine Streb=
ſamkeit des Geiſtes, wobei es ihnen doch auch
zuweilen gelingt, etwas, wenn gleich minder
wich=

wichtiges, zur intensiven Aufklärung beizutragen.

§. 16. In einem isolirten Volke, wenn es
dergleichen in Europa gäbe, würde die extensive
Aufklärung gewiß stille stehen, wenn die inten=
sive nicht mehr zunimmt. Man wird müde, das
schon lange bekannte zu lernen, wenn sich nichts
neues mehr darbietet. Man wird auch der,
wenn gleich noch so oft veränderten, Einkleidung
müde. Die Strebsamkeit einzelner Menschen,
die nicht wissen, was sie wissen könnten und wissen
sollten, wird auf eine andre Weise rege. Sie
wollen auch erdenken und erfinden, aber auf ei=
nem leichtern Wege, oder wohl gar, weil sie nichts
selbst erfinden können, die schon erkannte Wahr=
heit umstürzen. Dann tritt Einbildungskraft in
die Stelle des Nachdenkens, Enthusiasmus in die
Stelle der kaltblütigen Ueberlegung, oder eine
alle Wahrheit aufgebender Skepticismus in die
Stelle der ruhigen Erforschung derselben. Dann
hat der Irrthum wieder freies Spiel, und findet
keine ihm gewachsene Verfechter der Wahrheit.
Auf der einen Seite sezt die dem menschlichen

C 3   Ver=

Verstande natürliche Strebsamkeit ihn immer auf die Warte, wenn er auch nicht wagt, selbst zu erfinden und zu erdenken. Immer mögte er noch gerne neue von andern erfundene Wahrheit erfahren. Und wenn dann einer ohne einigen andern Grund sie ihm darbietet, als daß er selbst sie glaube, oder daß ein inneres Licht sie ihm entdeckt habe, so nimmt er sie gerne an, und glaubt bald selbst eben diese Erleuchtung von innen zu fühlen. Denn fühlen ist doch immer leichter, als nachdenken. Auf der andern Seite ist der menschliche Verstand unbezwingbar, wenn er nicht glauben will, und Stolz ihn verleitet, seinen Ruhm darin zu suchen, alles zu bezweifeln, was bis dahin für Wahrheit gegolten hat. Doch trift dieser Nachtheil mehr die intellectuellen, als practischen Wahrheiten, zumal wenn diese nicht etwan blos entdeckt, sondern schon in Ausübung gebracht sind, und das Volk bereits den Nutzen von dieser Anwendung erfahren hat.

§. 17. In einem nicht isolirten Volke wird die intensive Aufklärung in Stillstand gerathen, es wird ihm eine Zeitlang an Männern fehlen können,

nen, welche in deren Vermehrung thätig und glücklich sind. Aber dann kann es doch immer hin den Zuwachs der intensiven Aufklärung in andern Völkern benutzen, wenn nicht die Sprache ein Hinderniß wird. Dies kann sie auf mehr als Eine Weise werden, wovon ich bald umständlicher reden werde. Indessen gewinnt die extensive Aufklärung nicht so sehr dabei, als wenn Männer in dem Volke selbst leben; von welchen dies neue Licht herstrahlt. Der Schwierigkeit der geschwinden Verbreitung helfen in manchem Volke die rüstigen Uebersetzer ab. Aber mehr als Ein Volk, in welchem alles einigermaßen merkwürdige sogleich übersetzt wird, geht eben in der Aufklärung zurück, und in andern, wo wenig, wo nur das, was einer Uebersetzung werth ist, übersetzt wird, gewinnt dieselbe. Die Ursache scheint mir darin zu liegen: Die Anzeige, ein Buch sey übersetzt, ist allein schon eine Empfehlung. Man hat doch, zumal wenn das Buch von Sachenkenntnissen handelt, Ursache anzunehmen, es sey mit Kenntniß seines Werths übersetzt, und ein Zuwachs der intensiven Aufklärung von ihm zu erwarten. Der schwächere Kopf ließt

C 4   es

es bis zu Ende aus, und glaubt sie zu finden, zu$=$
mal, wenn er den Namen eines Ueberseters lieſt,
den er für einen beſſern Kopf, als ſich ſelbſt, hält.
So hat gewiß mancher ſchwache Kopf in Deutſch$=$
land das wirblichte Buch, Les erreurs & la ve-
rité, geleſen, weil Claudius ſich als Ueberſetzer
deſſelben nannte, und die bübiſche Bethörung,
mit welcher, wie nun kund wird, der Verfaſſer
ſeine Leſer zum Beſten gehabt hat, bis zu Ende
aus, nicht gemerkt. Aber in einem Volk, wo
Ueberſetzen kein Handwerk iſt, wo nur der gute
Kopf ſich mit dieſem Geſchäfte, und zwar mit
Auswahl befaßt, da bringt nicht leicht ein Buch
ein, als welches wirklich zur intenſiven Aufklä$=$
rung etwas beyträgt, und dies Volk hat wahren
Vortheil davon.

§. 18. Das menſchliche Geſchlecht hat in
keiner Periode ſeiner Exiſtenz ſo große Fortſchrit$=$
te in Sachenkenntniſſen gemacht, als ſeit dem
Anfang des vorigen Jahrhunderts. Die ſtärk$=$
ſten ſind jedoch ſeit einem Jahrhundert gemacht.
Die Ausbildung verſchiedener Sprachen, inſon$=$
derheit der franzöſiſchen, der britiſchen und der
deuts

deutſchen, ſind ein Werk eben dieſer Zeiten ge=
weſen. Aber keine Geiſtesarbeit eines Galilei,
Bacon oder Newton, hat zur Ausbildung die=
ſer Sprachen, wenn gleich etwas zu deren Be=
reicherung, beigetragen. Ich nenne nur die,
welche wenigſtens einen Theil ihrer Entdeckun=
gen in ihrer Landesſprache bekannt machten und
deswegen kann ich unter den Deutſchen keinen
Puffendorf und Leibnitz, auch kann ich keinen
Grotius nennen. Faſt alle Erweiterer der in=
tenſiven Aufklärung ſchrieben lateiniſch, und
auch für dieſe Sprache iſt durch ſie nichts von
demjenigen erhalten worden, was ſie aus andern
Urſachen ſeit einem Jahrhundert zu verlieren an=
gefangen hat. Linne's Latein iſt zum Theil ab=
ſcheulich. Aber dies hinderte nicht, daß er nicht
ſollte der Vater der Naturgeſchichte, ſo wie wir
ſie jetzt benutzen, geweſen ſeyn. Es hindert
nicht einen jeden, der ihm folgt, die natürlichen
Körper mit einer ganz andern Beſtimmtheit zu
kennen und zu unterſcheiden, als unſre Vorfah=
ren es thaten.

§. 19. Dagegen hat keines von allen denen
Werken, in welchen man die Entdeckungen und

die

die Reſultate des Nachdenkens dieſer großen
Männer in einem gefallenden Styl und mit allen
Schönheiten, deren die Sprache fähig iſt, vor-
zutragen geſucht hat, zur intenſiven Vermehrung eben dieſer Kenntniſſe etwas beigetragen.
Voltaire und Algarotti ſchrieben ihre Newto-
nianismes pour les Dames in dem gefallendſten
Styl. Sie mögen gar wohl veranlaßt haben,
daß dieſe oder jene Dame ſagte: C'eſt donc une
choſe aſſés jolie, que le Newtonianisme! Aber
ſie haben nicht gehindert, daß nicht einzelne franzöſiſche Queerköpfe die ganze von Newton ge-
ſchaffte intenſive Aufklärung gerne wieder zu ver-
nichten ſuchten, und den carteſiſchen Aether und
deſſen Wirbel wieder in deren Stelle ſetzen mögten. Auch in ſo vielen brittiſchen Schriften iſt
Newton in einer gefallendern Tracht, als in ſeiner Originaltracht dargeſtellt worden. Aber
wer aus der Quelle oder aus dem gründlichſten
Darſteller ſeiner Entdeckungen, aus Maclau-
rin geſchöpft hat, mag ſie alle ungeleſen laſſen,
wenn es ihm um Erweiterung ſeiner Kenntniſſe
zu thun iſt. Auch alle die vielen deutſchen kleinern und größern Schriften, in welchen man die
neue-

neuere Naturlehre und Sternkunde in so mans
nigfaltigem Gewande darstellt, und sie Lesern als
ler Art angenehm zu machen sucht, dienen nur,
diese Kenntnisse zu verbreiten. Erweitert sind sie
durch dieselben gar nicht; und, so wenig ich das
Verdienst ihrer Verfasser in jener Rücksicht hers
unter setzen mögte, so hat doch keiner derselben
ein Verdienst um die Wissenschaft selbst von der
Art, wie sie Gericke, Papin, von Tschirs
hausen, fast vergessene Namen für die, welche
Physik ohne deren Literatur treiben! im vorigen
Jahrhundert sich erwarben.

§. 20. Noch mehr zeugt von der stillstehens
den intensiven Aufklärung die Zersplitterung der
Wissenschaften selbst in Wörterbüchern. Ich sas
ge, der Wissenschaften selbst. Denn wider die
alphabetische Darstellung der Kunstwörter mit
beigefügten Wort= und Sachen= Erklärungen,
auch allenfalls Zeichnungen, wende ich nichts
ein. Sie wird mit der Erweiterung der Wissens
schaften und Künste immer nothwendiger. Aber
die Wahrheiten der Wissenschaften selbst sollten
nie so aus ihrem Zusammenhange gerissen dars
gestellt

gestellt werden. Man sollte dem Menschen gar nicht zu Hülfe kommen wollen, der nur in solchen Bruchstücken eine Wissenschaft zu fassen sucht, deren Wahrheiten, nur in den richtigen Zusammenhang gestellt, recht einleuchten können. Ich würde indessen blos daraus, daß dergleichen Bücher von Köpfen mittler Fähigkeit in Menge geschrieben, auch noch nicht daraus, daß sie reißend abgehen wider ein Volk schließen. Aber wenn die ersten Männer, von welchen das Volk seine Aufklärung erwartet, dergleichen Wörterbücher als eine Hauptarbeit ausarbeiten, und sie als eine vorzügliche Quelle einzelner oder aller Wissenschaften anpreisen, dann bin ich gewiß, daß solche Männer die Würde und Kraft der Wissenschaften verkennen, und daß die Nation unter einer so falschen Leitung bey vieler anscheinender Verbreitung der Aufklärung in dieser selbst zurückgehen wird.

§. 21. Ein andres sehr gewisses Zeichen von Abnahme der intensiven Aufklärung ist, wenn die Gelehrten einer Nation, anstatt selbst in den Kenntnissen fortzuarbeiten, ihren Fleiß darauf beschrän-

beschränken, ihre bewunderten Vorgänger zu
commentiren, oder deren Systeme in allerlei Formen darzustellen. Bey den schönen Wissenschaften sind die Beweise auffallend. Aber auch in
den Sachenkenntnissen liegen sie eben so sehr am
Tage. Die Philosophie stand Jahrhunderte lang
stille, als man nur den Aristoteles commentirte.
Was sie gewann, bestand, wie ich schon gesagt
habe, in der feinen Zersplitterung der Ideen,
und der Erfindung der diesen gemäßen neuen
Kunstwörter der Philosophie. Cartesius hätte
der Philosophie sehr vorwärts geholfen, wenn
nicht sogleich eine so starke Bewunderung seines
Scharfsinns und eine solche Anhänglichkeit an
ihn entstanden wäre. Alle die weitläuftigen
Systeme, deren Titel schon uns sagen, daß sie
Cartesische, nur Cartesische Philosophie enthal-
ten, haben der Wissenschaft um nichts weiter
fortgeholfen. So ging es auch bald in der Wol-
fischen Schule, als ein Systema oder Compen-
dium philosophiae *Wolfianae* auf das andre folgte.
Der Weg, auf welchen Bacon zuerst wies, leitet nicht zu diesen Folgen. Wer ihn betritt, muß
selbst forschen, beobachten, und aus dem Beob-

achte-

achteten richtig schließen. In jeder Nation, deren Philosophen diesen Weg betreten, ist die intensive Aufklärung in gutem Fortgange, und wird wenigstens nicht durch Anhänglichkeit an fremde Meinung zurückgehalten. Die extensive kann eben alsdann ungehindert ihren Fortgang haben. Es fehlt nicht leicht an Männern, die zwar zu jener nicht immer beitragen dürfen, aber in deren Köpfen es helle genug ist, um dieselbe zu benutzen, und dann zu einem lichtvollen Vortrage die Sprache des Volks so anzuwenden, daß diese Aufklärung hinlänglich verbreitet wird.

§. 22. Ehemals trat nicht leicht ein Gelehrter mit einem neuen Beitrag zur intensiven Aufklärung hervor, ohne die Sprache zu wählen, welche so lange die allgemeine Sprache aller Gelehrten, (und man kann für jene Zeiten sagen aller Wißbegierigen) war. Dieß ist jetzt nicht mehr, und kann und darf nicht mehr seyn. Denn jetzt giebt es auch andre Wißbegierige, als bloße Namensgelehrte. Und in so vielen Kenntnissen ist intensive Aufklärung entstanden, um welche sich diese bisher noch wenig bekümmern. Wird
es

es auch erlaubt seyn von mir selbst zu reden? Werde ich selbst sagen dürfen, daß ich, seitdem ich ein Schriftsteller geworden bin, beides für die extensive und intensive Aufklärung gearbeitet zu haben, etwas zu beiden beigetragen zu haben glaube? Doch warum sollte ich in zu ängstlicher Rücksicht auf diesen Umstand nicht die Beispiele in Fächern suchen dürfen, mit denen ich doch am besten bekannt bin? Ich habe für die extensive Aufklärung in solchen Fächern geschrieben, in welchen ich zur intensiven nur wenig beizutragen mir getrauen konnte. Mein Anfang eines populären Vortrags der Mathematik, meine Encyklopädie und mein Grundriß der Geschichte der Welthändel neuerer Zeit gehören dahin. Bey diesen war nicht die Frage, ob ich sie lateinisch oder deutsch schreiben wollte. Meine Schriften über Staatswirthschaft und Handlung mögten vielleicht etwas zur intensiven Aufklärung in diesem jetzt so wichtig geachteten Fache beitragen. Aber daraus mögte wenig werden, wenn ich sie lateinisch hätte abfassen wollen. Ich hätte sie um mehrerer extensiven Aufklärung willen französisch schreiben mögen, und wäre noch wohl

damit

damit soweit fertig geworden, daß ein der Sprache völlig mächtiger Mann gut französisch daraus zu machen nicht viel Mühe gehabt haben
mögte. Aber mir wäre es denn doch zu mühsam
geworden, und ich hätte mir zu schwere Fesseln
in deren Ausarbeitung angelegt, die den Gang
meiner Gedanken sehr mögten aufgehalten haben. Vor drey Jahren habe ich als einen Beitrag zur intensiven Aufklärung gewisse vieljähri-
ge optische Bemerkungen bekannt gemacht. Diese schrieb ich lateinisch. Denn ich erwarte die
genauere Bestimmung der von mir angegebenen
Phänomene nur von Gelehrten, die wahrschein-
lich Latein verstehen. Doch zweifle ich, ob meine Absicht, diese Entdeckung weiter verbreitet
und zu dem Nutzen, den sie in der Optik und
Astronomie schaffen kann, gehörig angewendt
zu sehen, am Ende besser dadurch erfüllt werden
wird, als wenn ich sie deutsch bekannt gemacht
hätte, wiewohl ich sie fast allen Gesellschaften
der Wissenschaften zugesandt habe.

So ist es jetzt in allen Völkern, in welchen
die Aufklärung in einigem Fortgange ist. Fast
alle diejenigen, welche für die intensive Aufklä-

rung

rung arbeiten, schreiben in ihrer Landessprache. Nicht nur in denen beiden Völkern, die auf ihre Landessprache am meisten stolz sind, sondern auch in Deutschland, Italien, Schweden und Dänemark erscheint alles, was nur entdeckt und erdacht wird, vorzüglich in der Landessprache. Auch die Russen fangen schon an, das, was sie in Sachenkenntnissen erfinden, in ihrer Sprache zuerst bekannt zu machen.

§. 23. In alten Zeiten waren nur zwey Völker, welche, um sich ihre intensive Aufklärung mitzutheilen, eines des andern Sprache zu lernen nöthig hatten, nemlich die Griechen und Lateiner. War noch Aufklärung bey andern einzelnen Völkern, so hinderten doch die damaligen Zeitumstände letztere, sie bey denselben zu suchen. Indessen holte doch Pythagoras schon einzelne Funken des den Indiern damals leuchtenden Lichtes von ihnen. Lange Zeit suchten die Römer ihre Aufklärung bey den Griechen. Es ist anmerklich, daß, als sie dies nicht mehr nöthig zu haben glaubten, wie denn wirklich die intensive Aufklärung bey den Griechen aus mancherley

D   Ursa

Urſachen ſich minderte, kurz als dieſe wechſelſei=
tige Mittheilung der intenſiven Aufklärung auf=
hörte, auch die Römer in Stillſtand gerfethen
und nicht nur die extenſive Aufklärung abnahm,
ſondern auch ſelbſt die Sprache zurückgieng.

§. 24. Jetzt iſt die Schwierigkeit noch viel
größer. Es ſind nicht etwan zwey, ſondern we=
nigſtens fünf Völker, bey welchen doch ſoviel
Zuwachs der intenſiven Aufklärung Statt hat,
daß eins derſelben bey dem andern neues Licht zu
ſuchen Urſache hat, nemlich die Franzoſen, Brit=
ten, Italiäner, die beiden nordiſchen Völker,
deren Sprachen nur als Dialecte verſchieden ſind,
und die Deutſchen und Deutſchredenden außer
den Grenzen Deutſchlands. Bald mögten die
Ruſſen und auch die Spanier dazu kommen.

Man wird den Beweis nicht von mir ver=
langen, daß jedes Volk, welches gar keine von
den Sprachen dieſer Völker in einigem Gebrauch
hat, ſich die in denſelben herrſchende Aufklärung
wenig oder gar nicht eigen machen könne. Aber
ſind denn auch unter dieſen fünf Völkern diejeni=
gen ſchon ſo ſehr gut daran, welche von den vier
übri=

übrigen Sprachen entweder gar keine oder nur allenfalls eine so weit bey sich in Gebrauch setzen, als es nöthig ist, um von dem andern Volke Aufklärung zu gewinnen? Dazu ist nichts mehr nöthig, als daß die Sprache des einen Volks in dem andern von vielen verstanden, nicht daß sie geredet oder geschrieben werde. Ist es nicht klar, daß das Volk, bey welchem die Sprachen aller der übrigen genug bekannt und wenigstens soweit im Gebrauch sind, als es die Mittheilung der Kenntnisse erfodert, in Absicht auf intensive und extensive Aufklärung am besten daran sey, und daß dasjenige Volk, welches keine der andern Sprachen liebt oder achtet, sich ganz mit der bey ihm gewonnenen Aufklärung behelfen müsse?

§. 25. Wir haben nur zwey Beispiele von polizirten Völkern, die in Ansehung ihrer Sprache und Art dieselbe zu schreiben ganz isolirt sind, und es sein wollen, nemlich die Chineser und Japaneser. Ersteres hat jedoch von allen Zeiten her auf Aufklärung großen Anspruch gemacht. Ich darf aber nicht sagen, in wie engen Grenzen die-

D 2
se

se Aufklärung sich beschränke, und selbst seit der Zeit stehen geblieben sey, da man hätte denken sollen, die durch den Handel eröfnete Gemeinschaft mit den Europäern hätte sie veranlaßt, die unter diesen so hoch getriebene Aufklärung sich wenigstens zum Theil eigen zu machen. Es gehört auch nicht hieher, die zu dieser Haupturfache sich fügenden übrigen Hindernisse hier auseinander zu setzen.

§. 26. So sehr, so vorsetzlich isolirt sich nun freilich kein Volk in Europa. Doch können in unserm Welttheile zwey Veranlassungen ein Volk dahin bringen, daß es mit seiner Sprache sich, so zu reden, isolirt, und des Nutzens, den ihm die Kenntniß und der Gebrauch fremder Sprachen zu seiner Aufklärung geben könnte, gänzlich entbehrt.

Die erste ist Mangel der Aufklärung überhaupt, und eine allgemeine Abneigung von derselben, sie werde bewirkt, durch welche Ursachen sie wolle. In dieser Lage befindet sich in Europa nun noch Portugall, die großen Inseln an Italien und die türkischen Staaten. Rußland befand

sich

ſich in derſelben bis an Peters des Großen Zeiten. Spanien tritt mehr und mehr aus dieſem
Zuſtande heraus. In ſolchen Völkern veranlaßt
nur ein aus den Umſtänden erwachſendes Bedürfniß einzelner Menſchen, dieſe oder jene Sprache
zu lernen, doch ohne daß dabey ein Gedanke an
Gewinnung oder Erweiterung der Aufklärung
Statt hätte. So lernen in Polen und Portugall
doch noch einzelne Menſchen Franzöſiſch. In
dieſe Völker gehen höchſtens einzelne Bücher des
zweiten Ranges durch Ueberſetzungen über, wenn
man ſie als ſolche kennen lernt, die in andern
Ländern zur Verbreitung der extenſiven Aufklärung geſchrieben ſind. In Spanien hat man
jetzt Bielefelds Politik überſetzt. Montesquieu
iſt meines Wiſſens nicht ins Spaniſche überſetzt.
Man wählt auch wohl ein ſolches Buch und formt
es nach dem rohen Geſchmack und den Vorurthei-
len einer ſolchen Nation um. Ich beſitze eine
portugieſiſche Phyſik, in Dialogen, zu Lisbon
1753 — 62. in ſechs Octavbändern gedruckt.
Sie ſcheint mir hauptſächlich aus dem Nollet
gezogen und lichtvoll geſchrieben zu ſeyn. Aber
ſie handelt auch von der Transſubſtation und der

D 3   Sees

Seele der Thiere, welches gleich auf dem Titel als eine Hauptempfehlung des Buchs anges zeigt ist.

§. 27. Eine zweite Urfache, die aber nur bey einem Volke Statt haben kann, das Auf̈ klärung liebt, oder dieselbe zu lieben vorgiebt, ist, wenn daſſelbe eine zu hohe Meinung von den Vorzügen und der Ausbildung seiner Sprache hat, und kein Bedürfniß fremder Sprachen in Rückficht auf seine Aufklärung fühlt oder zu füḧ len vorgiebt. Gerade hin kann dieses Vorur̈ theil nicht bey einem Volke entstehen. Wenn in demselben auch nur einzelne mit dem Umfange der Wiſſenschaften bekannt sind, und nur etwas von der Geschichte derselben wiſſen, so muß es diesen einleuchten, daß nicht die Sprache Eines cultivirten Volkes sey, die nicht, wenn sie gleich den Sprachen andrer Völker in der Vollkommen̄ heit nachsteht, dennoch Materialien für deren Aufklärung enthalte. Es entsteht nicht leicht anders, als aus der Entwöhnung und aus der zu seltenen Erfahrung von dem Bedürfniß frem̄ der Sprachen in den Zwecken des bürgerlichen Lebens überhaupt. §. 28.

§. 28. Und diese Entwöhnung ist die na=
türliche Folge von der so allgemeinen Verbrei=
tung einer Sprache, als ehemals die von der
Römischen war; und jetzt die von der franzö=
sischen Sprache ist. Fast alle die Beweggründe,
welche man in jedem andern Volke hat, sich le=
bende Sprachen bekannt zu machen, die Besorg=
niß von Verlegenheiten, die uns in Geschäften al=
ler Art oder auf Reisen entstehen können, wenn
wir sonst keine, als unsre Muttersprache, wis=
sen, fallen bey dem weg, der so glüklich ist, ei=
ne Muttersprache zu haben, von welcher er an=
nehmen kann, daß sie im ganzen Europa verstan=
den werde, die gerne jeder mit uns redet, gerne
sie von uns hört, dessen Muttersprache sie nicht
ist, und welche gut zu reden schon Empfehlung
ist, schon uns zum Verdienst gerechnet wird,
wenn man gleich weiß, daß sie uns keine Mühe
gekostet habe. Auch der verständigste Vater in
Frankreich hat keinen derer Gründe, die uns in
Deutschland veranlassen, unsre Söhne zur frü=
hen Erlernung fremder Sprachen anzuhalten,
noch ehe deren Bestimmung im geringsten festge=
setzt ist. Sollte einmal der Sohn ein Geschäfts=

mann

mann werden, so wissen wir Deutschen, seine
Muttersprache werde ihm nicht zu allen Geschäften zureichen. Wenn er als Kaufmann Briefe
schreibt, so wird sein Brief außer Deutschland
nicht verstanden werden. Schon als Krämer
muß er erwarten, Leute zu seinem Laden kommen zu sehen, die seine Sprache nicht verstehen.
Als Gelehrter kann er nicht erwarten, blos in
deutschen oder lateinischen Schriften alle ihm nö-
thige Aufklärung zu finden. Wenigstens glaubt
dies bey uns noch ein jeder Vater, welcher das
Feld der Wissenschaften einigermaßen übersieht,
und nicht etwan bloße Brodgelehrsamkeit seinem
Sohne zum Ziel steckt. Auch ein jeder Jüngling
wird in diesen Gedanken geleitet, wenn er gute
deutsche wissenschaftliche Bücher liest, deren
Verfasser doch immer durch Anführung fremder
Schriftsteller ihm zeigen, daß das Licht nützlicher
Wissenschaft nicht blos in Deutschland scheine.
Dieß alles kann dem französischen Vater nicht
einfallen. Er weiß, daß alle Briefe, die sein
Sohn in Geschäften französisch schreiben wird,
im ganzen Europa werden verstanden werden.
Er weiß, daß er auf Reisen in allen Plätzen von

Belang nicht nur durch seine Sprache sich ver=
ständlich machen, sondern auch Geschäfte werde
ausrichten können. Wenn er aus seinem Sohn
einen Gelehrten zu machen vor hat, und selbst
die Wissenschaften kennt, so sollte er eben so, als
der deutsche Vater, denken. Aber zwey Dinge
machen ihn anders denken. Das erste ist, daß
wirklich Frankreich, bald nachdem es seine Spra=
che ausbesserte, und sie den übrigen Völkern Eu=
ropens so angenehm machte, in der intensiven
Aufklärung den andern Völkern voreilte. Es hatte
in den ersten Zeiten Ludewigs XIV. doch wirk=
lich viel große Männer in allen Fächern der Wiß=
senschaften. Darauf ward dann auch für die ex=
tensive Aufklärung sehr gearbeitet. Aber die
Verfasser der dahin abzweckenden Schriften hat=
ten wenig Veranlassung Ausländer anzuführen,
weil sie damals noch bey den Schriftstellern ih=
rer Nation fast alles fanden, was sie in ihre
Bücher einzutragen hatten, und alle vorzügliche
Schriftsteller ausserhalb Frankreich Lateinisch
schrieben.

Von dieser Zeit her genießt Frankreich ei=
nes so hohen Grades der extensiven Aufklärung,

daß

daß wir bis jetzt kein polizirtes Volk mit ihm in Vergleichung stellen können, in so fern von der Menge der Menschen und von der Mannigfaltigkeit der Volksklassen die Rede ist, unter welchen sich Wisbegierde und wirkliches Wissen verbreitet hat. Und dieses Licht hat dieß Volk nur seinen gründlichen Gelehrten und schönen Geistern aus jener Zeitperiode zu verdanken, von denen auch wir so viel gelernt haben. Aber eben dadurch ist der Franzose verwöhnt, glaubt, dieß sey noch immer so, und zu allen spätern Büchern, welche zum Behuf der extensiven Aufklärung in allerley Formen und Methoden geschrieben werden, sucht man dort noch immer die Materialien bey französischen Schriftstellern. Dem jungen Leser solcher Schriften wird gar nicht der Gedanke entstehen können, daß das Licht der Wissenschaften irgendwo ausser Frankreich leuchte. Aber gesetzt, der Vater sieht weiter, so müßte er doch schon wissen, welchem Fach der Wissenschaften sein Sohn sich vorzüglich widmen werde, um fest zu setzen, welche Sprache sein Sohn vorzüglich zu lernen habe. Er weiß es z. B., daß man in der Chemie und Metallurgie ohne Lesung der Deut-

schen

schen nicht weit kommen könne; oder er weiß,
daß die Britische Nation in neuern Zeiten Schriftsteller in der Staatswirthschaft und Handlungstheorie gehabt habe, aus welchem weit mehr
Licht, als aus einem Meton, Dûtot, Fortbonnois und selbst aus dem Montesquieu zu
holen ist. Aber dann weiß er ja noch nicht, ob
sein Sohn eines von diesen Fächern erwählen,
und lieben werde. Er wird also in dieser ent-
fernten Absicht ihn weder Deutsch noch Englisch
lernen zu lassen sich entschließen können. So
steht es dann hin, bis die Jahre verlaufen sind,
in welchen ein lebhaftes Gedächtniß der Erlernung der Sprachen zu Hülfe kömmt, und wenn
dem Sohn das Bedürfniß wirklich entsteht, diese
Sprachen auch nur zu verstehen, so ist der Kopf
schon zu alt dazu.

§. 29. Als Richelieu die französische Sprache zu einer Sprache von allgemeinem Gebrauch
zu machen suchte, war seine Hauptabsicht, Frankreich den Vortheil zu verschaffen, daß dessen
Emissarien, ohne mehr als ihre Muttersprache
zu wissen, allenthalben die Absichten des Hofes
erfül-

erfüllen könnten. Die Nation hat jetzt über⸗
haupt den Vortheil davon, daß jeder Franzose
ohne ein Emissär des Hofes zu seyn, reisen kann,
wohin er will. Die übrigen Fürsten Europens
theilen jenen Vortheil jetzt mit Frankreich. Wo⸗
hin sie auch einen Emissär senden, da kann der⸗
selbe fortkommen, wenn er nur des Französischen
mächtig ist. Alle übrige Nationen Europens ha⸗
ben für ihre Privatgeschäfte und dadurch veran⸗
laßte Reisen eben den Vortheil davon. Wer
Französisch redet und schreibt, ist nirgends leicht
verlegen. Und hiefür können wir den Franzosen
sehr danken. Blos aus dieser Ursache ist es er⸗
wünscht, daß wieder eine Universalsprache in
Europa ist, und, weil es doch nur Eine Sprache
seyn kann, so können wir ohne Neid deswegen,
daß diese Ehre der Französischen zu Theil gewor⸗
den ist, uns der daraus entstandenen Vortheile
mit erfreuen. Noch mehr! wir können uns es
lieb seyn lassen, daß diese Ehre einer nicht sogar
schweren Sprache zugefallen ist, und dürfen keine
Revolution wünschen, die etwan noch künftig
unsrer deutschen Sprache dieselbe zuwende.

§. 30.

§. 30. Dieß weiß nun jeder deutſcher Va=
ter, der etwas an die Erziehung ſeines Sohnes
wenden kann; und deswegen läßt er ihn ſehr früh
den Anfang in dieſer Sprache machen. Damit
wird ein Theil der Jugendzeit ſehr gut ausge=
füllt, und der Kopf zur Erlernung einer lebenden
Sprache früh gewöhnt. Geht er dann nachher
an andre Sprachen, ſo wird es ihm nicht ſchwer,
zumal wenn er durch ernſthafte Erlernung des
Lateins ſich eine Art von allgemeiner Grammatik
in den Kopf gebracht hat. Wir thun nur darin
etwas zu viel, daß wir unſern Unterricht leben=
der Sprachen ſchon gleich Anfangs dahin ab=
zwecken, daß der Knabe oder Jüngling ſie alle
reden und ſchreiben ſoll. In Rückſicht auf die
Erweiterung unſrer Kenntniſſe iſt es genug, daß
wir ſie verſtehen lernen; und dazu gelangt auch
ein mittelmäßiger Kopf bald, der vielleicht ab=
geſchreckt wird, wenn man auch in lebenden
Sprachen es eben ſo ernſthaft mit ihm nimmt,
als man es im Lateiniſchen mit ihm genommen
hat. Er wird ſie eben ſo ängſtlich lernen wollen
und langſam fortkommen. Unſre Bücher, wo=
durch ſich auch die Jugend in Sachenkenntniſſen
unter=

unterrichtet, haben doch immer mehr Litteratur,
als die ausländischen. Dadurch gewinnt ein
junger Mensch früh die Belehrung, daß auch in
fremden Sprachen Licht für ihn zu gewinnen sey.
Ich war sechszehn Jahr alt geworden, ohne
Französisch zu lernen. Aber ich sah ein, daß ich
in der Geschichte, die ich vorzüglich damals trieb,
ohne diese Sprache nicht weit kommen würde.
Ich lernte sie bald ohne fremde Hülfe, aber damals lernte ich auch nur sie geläufig verstehen.
Denn mehr wollte ich zu der Zeit von ihr nicht.
Das Englische und nachmals das Italiänische
ward mir viel leichter. Vor vier Jahren habe
ich noch Schwedisch so weit gelernt, als ich brau-
che, nemlich nur ein Buch zu verstehen. Ich habe seitdem manchem wißbegierigen unter meinen
Zuhörern eben dies gerathen, und es ist keinem
mislungen. Wer denn dies gewonnen hat, findet sich nirgends aufgehalten, wenn er bey Ausländern Aufklärung sucht; wenn hingegen der
Franzose und der Engländer, dem höchstens nur
die französische Sprache um der Wissenschaften
willen lernenswerth scheint, ohne Unterlaß verlegen ist. Bey uns ist doch nicht leicht ein Ge-
lehr-

lehrter von Belang derer drey lebenden Sprachen, durch welche die meiste Belehrung zu erlangen ist, so unkundig, daß er, wenn in derselben ihm ein für sein Fach brauchbares Buch
vorkömmt, nicht es benutzen könnte.   Aber dem
französischen und selbst dem Brittischen Gelehrten
ist der Zugang zu aller Weisheit verschlossen, die
sich in Büchern findet, von deren Sprache der
Stamm die Deutsche ist.   Ich habe mehrere
Männer gekannt, die dies sehr fühlten, aber es
war zu spät für sie, die Lücke auszufüllen. Der
Baronet Steuart bedauerte in einem seiner
Briefe an mich sehr, daß er zu spät in Deutschland gelebt hätte, um noch die Sprache lernen
zu können.   Ein Mann von Stande ward mir
als ein Mann bekannt gemacht, der aus Finanz-
kenntnissen und Handlungstheorie sein Haupt-
werk machte.   Wir redeten über diese Kenntnisse.
Aber ich bemerkte bald, daß Melon, Dutot
und Fortbonnois seine Hauptmänner wären.
An Steuart und Smith war er nicht gelangt.
Man hatte ihm gesagt, daß ich ein Buch über
den Geldsumlauf geschrieben hätte.   J' ache-
terai-toujours, sagte er mir, votre livre.   Car

j'esj'espere que j'entendrai par- ci par- là quelques mots. Ein andrer war bey mir in meiner Bibliothek. Ich erwähnte des Steuart, dessen Buch er nicht kannte. Ich legte ihm daſſelbe vor. Er mogte den Namen überhört haben, ſuchte ihn auf deſſen Titel, konnte ihn aber aus den wenigen Worten nicht herausfinden, und mußte mich bitten, ihn noch einmal ihm zu ſagen.

§. 31. Wir Deutſche haben nun noch Hülfe von unſern Ueberſetzern, unendlich mehr Hülfe, als wir nöthig haben. Aber auch dieſe fehlt den Franzoſen und Engländern ganz. Sie haben faſt nie einen Mann in ihrer Nation, der auch nur ſo viel Deutſch verſtünde, daß er ein ſolches Buch überſetzen könnte, und auch dem Inhalt gewachſen wäre. Ein deutſcher Mann von hohem Range hatte meine kleine Schriften von der Handlung, inſonderheit die Abhandlung von den Banken, für eine Arbeit gehalten, welche für die Britten in einer Ueberſetzung leſenswerth ſein mögte, und einen Deutſchen, der lange in England gelebt hatte, aufgemuntert, die Ueberſetzung zu übernehmen. Das Manuſcript lag

vollen‑

vollendet bei einem Buchhändler, der sich zum
Verlage bereit erklärt hatte, als ich vor neun
Jahren in London war. Ich leugne nicht, daß
es mich, insonderheit wegen meines Instituts,
interessirte, daß man mich in dieser Nation als
einen Schriftsteller über die Handlung kennen lernen mögte. Ich redete also mit dem Buchhändler. Das Buch, sagte er, ist mir ganz recht.
Aber die Uebersetzung ist noch zu sehr deutsch-
englisch. Können Sie denn nicht, sagte ich ihm,
einen Engländer zu Hülfe nehmen, der das Englische verbesserte. — Der müßte ja selbst deutsch
verstehen; sonst würde er durch seine Correkturen
wunderlich Zeug in das Buch bringen. — Und,
so einen haben sie gar nicht? — Keinen in ganz
London; war die Antwort. Das Manuscript
blieb also liegen, und des Uebersetzers Mühe war
verloren.

§. 32. Man ist in Frankreich gewiß nicht besser daran. Gesetzt, dieser Nation entstünde die
so gegründete Ueberzeugung, wie weit sie jetzt in
der Chemie und Metallurgie hinter den Deutschen
zurückstehe, wie wird sie es anfangen, um zu

E   einer

einer Uebersetzung von Cramers, Wieglebs, Crells und andrer Deutschen Arbeiten zu gelangen? Ein Deutscher wird, wenn er auch noch so sehr des Französischen mächtig ist, sie ihr nicht liefern können. Denn er findet nicht das dritte Kunstwort in der Sprache. Und was müßte ein Franzose nicht thun, wie lange müßte er nicht in unsern Erzgebürgen gelebt und den Arbeitern zugesehen haben, um mit Kenntniß der Sache diese Bücher zu übersetzen, um deutliche Umschreibungen zu geben, wo der Sprache das Kunstwort fehlt, oder wo er das deutsche Kunstwort allenfalls mit einer französischen Endung der Sprache einzuverleiben wagte!

Aber ich setze zu viel voraus: So wie sich jetzt der Franzose in Ansehung der Sachenkenntnisse isolirt hat, ist es oft ein seltsamer Zufall, der ihnen nur einzelne deutsche Geistesarbeiten bekannt macht, und diesem Zufall gesellen sich andre Zufälle zu, die seine Aufmerksamkeit auf solche Werke sogleich niederschlagen. Reimarus Buch von der natürlichen Religion war schon viele Jahre erschienen, als es in England übersetzt ward. Der englische Uebersetzer war überhaupt

sehr

sehr frei mit dem Buche umgegangen, und mogte
geglaubt haben, es seiner Nation interessant zu
machen, da er auf den Titel setzte, daß es inson=
derheit gegen Maupertuis und Büffon gerich=
tet wäre. Daburch erfuhr ein französischer Jour=
nalist etwas davon, schrieb den Titel in seinem
Article etranger aus, und setzte hinzu: C'est un
titre absúrde. Das Journal Encyclopedique hat
lange Zeit die meisten deutschen Titel, doch we=
nig mehr als Titel, angezeigt. Man hat mir
versichert, daß ein deutscher Landprediger an der
Grenze das Geschäfte lange gehabt hätte, sie
einzusenden. Wenn aber der Mann einmal
nicht deutlich schrieb, so kam seltsames Zeug hin=
ein. Es hatte dem Mann einmal der Mühe
werth geschienen, anzuzeigen, daß des Des Touches
Poete Campagnard ins Deutsche übersetzt wäre,
und da hieße Poetisches Dorfjonker. C'est un
titre, auquel nous nous ne comprenons rien, setzt
der Journalist hinzu.

§. 33. Wie viele Beispiele dieser Art ließen
sich nicht sammlen! Aber ist es überhaupt noch
der Frage werth, ob ein Volk, das sich noch im=

mer

mer mit seiner Sprache zu isoliren fortfährt, zu
einer Zeit, da die intensive Aufklärung bei so
vielen Völkern noch fortdauernd so sehr gewinnt,
gleichen Gang mit diesen in der Erweiterung sei=
ner Kenntnisse halten könne, wenn diese dagegen
allen Zuwachs derselben, der noch in Frankreich
entsteht, ohne Schwierigkeit benutzen? Viel=
leicht wird man nicht eben so willig einräumen,
daß ein solches Volk in seiner Aufklärung zurück=
gehen müsse. Ich will nicht geradezu behaup=
ten, daß diese Nation schon wirklich zurückgegan=
gen sey. Aber es ist doch kein gutes Zeichen,
wenn in einem Volke längst verworfene Irthü=
mer wieder Kraft gewinnen, wenn sich kein
Mann zeigt, der denselben mit Kraft begegnen
kann, wenn einzelne Köpfe, die zwar viel zur
extensiven Aufklärung, aber nichts zur intensiven
beigetragen haben, als Leute gelten, die in den
Wissenschaften Epoche machen, oder wenn die
beliebteste Form der für die extensive Aufklärung
geschriebenen Schriften die der Wörterbücher ist;
wenn die besten Köpfe der Nation, in deren Wer=
ken doch noch die meiste intensive Aufklärung ist,
Methode und Ordnung entweder nicht kennen,

oder,

oder, wenn ſie ſie kennen, haſſen. Und davon
zeigt ſich doch ſchon ſo manches Beiſpiel in den
franzöſiſchen Schriften neuerer Zeit.

§. 34. Ein franzöſiſcher Schriftſteller, der
nur einigermaßen auf den Beifall ſeiner Nation
Anſpruch machen kann, hat eine Ermunterung,
welche dem Deutſchen nur gar zu ſehr fehlt.
Sein Werk erſcheint in einer großen Hauptſtadt,
wo wenigſtens der dreißigſte Theil des Volks,
und wo zwar nicht die verſtändigſten, aber doch
die meiſten vorgeblichen Leſer beiſammen leben.
Ueber das Verdienſt ſeines Buchs iſt bald ent-
ſchieden, aber auch über den Gewinn und die
Ehre, die es ihm einträgt. Der Reiz, etwas
recht vorzügliches zu liefern, iſt alſo unendlich
größer für ihn, als für den deutſchen Schriftſteller, deſſen größte Ausſicht nur iſt, ſeinem
Verleger, ſo wie ſein Ruhm ſteigt, ſein Hono-
rarium ſteigern zu können. Von Fürſten ge-
nießen wir keine Aufmunterung. Wol aber ſagt
uns ein deutſcher König, auf deſſen Beifall wir
ſo gern ſtolz wären, daß ihm alles unſer Mach-
werk, in Vergleichung des franzöſiſchen gar nicht

E 3   gefalle.

gefalle. Wie wenig deutſche Schriftſteller haben
einzelne Fürſten ſo aufmerkſam auf ihre Arbeiten
gemacht, daß ſie dadurch ein Glück gefunden haben! Der Franzoſe genießt und benutzt die Be-
günſtigung ſeines Hofes und ſeiner Großen, wenn
ſie ihm zu Theile wird. Sie iſt ihm aber auch
ſehr gleichgültig, wenn nur ſein Buch in Paris
le livre du jour wird, und das kann es ſehr wider Willen des Hofes werden. Voltaire ſchrieb
ſo manches, das den Hof und die Geiſtlichkeit
verdroß, mußte deswegen Frankreich lange mei-
den, ward aber und blieb dennoch der Lieblings-
Schriftſteller ſeiner Nation, und ſammelte ſo
viele Schätze, als er wollte, durch den Verlag
ſeiner Schriften.

§. 35. Ich ziehe hieraus nachſtehende Folgen.
1) Wir können den Gang und den Grad der Aufklärung in der Franzöſiſchen Nation für jede Zeit-
Periode weit leichter und zuverläſſiger beurtheilen, als den in andern Nationen, die Brittiſche
ausgenommen, in welcher ähnliche Urſachen
Statt haben. Wer in Frankreich glaubt, mit
ſeinen Kenntniſſen wuchern zu können, und eini-
ger-

germaßen in der Lage dazu ist, thut es bald, sagt das Beste, was er weiß, und in dem besten Vortrage, dessen er mächtig ist. Es läßt sich also, wenigstens im Allgemeinen, bald ausmachen, was diese Nation während des Jahrhunderts, in welchem ihre Sprache die allgemeine geworden ist, von Zehn zu Zehn Jahren durch ihre Lieblings-Schriftsteller in der Aufklärung gewonnen habe. Ich will darin dem Grafen Rivarol folgen, der im Schlusse seiner Schrift deren Nahmen und Verdienste alle in Ein Gemälde bringt.

§. 36. Er nennt

1) Fontenelle. Aber sein Verdienst war nur extensive Aufklärung, wiewohl eben in dieser Absicht sehr groß.

2) Montesquieu. Ganz recht! Wir danken ihm viel bündige Aufklärung in einem für die Menschheit äußerst wichtigen Fache. Aber er hätte ihrer mehr geben können, wenn er die Thatsachen mehr untersucht, und nicht so oft schon seine Hypothese festgesetzt hätte, zu welcher die Thatsachen sich so fügen mußten, wie er es wollte.

3)

3) **Buffon.** Extensive Aufklärung, verbreitet durch das Talent einer ihm eignen, und von niemanden so, wie von ihm, auf das Fach der Naturkenntniß angewandten Beredsamkeit wird doch wol immer Buffons Hauptverdienst bleiben. Der intensiven Aufklärung hat er durch seine Abneigung von systematischer Ordnung gewiß nicht Vortheil geschaft. Seine Hypothesen thaten es auch nicht, so voll auch der Graf den Mund in der Anpreisung seiner Epochen der Natur nimmt, wobei er zu vergessen oder nicht zu wissen scheint, wie viel in der Geogonie durch deutschen Fleiß geleistet ist, und noch geleistet wird. Das schöne Colorit, unter welchem Buffon die Wahrheit darstellte, hat er gewiß oft gemißbraucht, um etwas, was nicht Wahrheit ist, als solche geltend zu machen.

4) **Die Encyclopädie.** L'Angleterre, sagt der Graf, avoit tracé ce vaste *bassin, ou doivent se rendre les diverses* branches de nos connoissances; mais il fut creusé par des mains Françoises. L'eclat de cette entreprise rejaillit sur la nation, & couvrit le malheur de nos armes. Ein Bassin also (ein großer Wasser-Behälter) in welches sich die

Zwei

Zweige *) (branches) menschlicher Kenntniſſe hin=

E 5 ſtrecken

*) Wenn der Graf bei dem Wort branches an Arme
eines Fluſſes gedacht hat, ſo ließe ſich freylich noch
wohl ein baſſin dazu denken, in welches ſich dieſe
Arme hinein ergieſſen ſollten. Aber dies iſt dem Bil=
de zuwider, welches in dem metaphoriſchen Ausdruck
branches des Connoiſſances, im Engliſchen branches
of Knowledge, im Deutſchen Zweige menſchlicher
Kenntniſſe, jedermann im Sinne hat. Dies iſt das
Bild eines Baumes, an dem ſich von Einem Stamm
aus mehrere Aeſte, von mehreren Aeſten aus ſehr
viele Zweige verbreiten. Ein Fluß, der ſich aus vie=
len Bächen und Flüßchen verſammlet, dann, wenn
ſein Haupt=Canal zu enge wird, ſich wieder in meh=
rere Arme theilt, und ſo dem Meere zueilt, dient
gar nicht zum richtigen Bilde der Kenntniſſe und
Wiſſenſchaften. Hat es dann der Herr Graf ſo ge=
meint, ſo hat er ein falſches Bild dem wahren un=
tergeſchoben, um es mit einem andern falſchen Bilde
zuſammen zu=ſtellen. Denn was ich mir bey einem
für alle Kenntniſſe ausgegrabenen Baſſin denken
ſollte, weiß ich doch eigentlich auch nicht, wenn es
nicht etwa dies ſeyn ſoll, daß in den allgemeinen
wiſſenſchaftlichen Wörterbüchern, die menſchlichen
Kenntniſſe ſo durch und unter einander gewühlt wor=
den, wie die Gewäſſer aller ins Meer ſich ergieſſen=
den Flüſſe. In meiner Jugend beſang ein Dichter
an der Niederelbe die große Waſſerfluth im Jahr
1736, und nannte das Meer gar ſinnreich: Die
große Kälteſchale. Faſt mögte ich die franzöſiſche En=
cyclopädie eine große Kälteſchale der Wiſſenſchaften
nennen. Man kann doch aus ihr ſo artig alles durch
einander eſſen.

strecken oder hineinergießen (rendre) sollten?
Welch ein Bild! Doch dies baſſin sollten die Eng=
länder nur abgesteckt haben? Nicht also! Sie
steckten es in einem kleinern Umfange ab, und
gruben es reinlich und richtig aus. Die Fran=
zosen steckten es nicht richtig ab, gruben hier und
dort, oft sehr tief, oft kaum unter die Oberfläche
hinab, und ließen manche häßliche Pfütze in ih=
rer für so vollendet ausgegebenen Arbeit. Eben
so ungewiß in ihrem Entwurf gruben in Deutsch=
land zu Anfang dieses Jahrhunderts Zeidler
und Consorten, stachen wie die Franzosen zu weit
aus, und gruben nur auf der Oberfläche.

5) Rousseau. Aber gehört denn dieser Ci-
toyen de Geneve eigentlich den Franzosen an?
So mögen sie auch Carl Bonnet sich anmaßen.
Dann haben sie doch noch einen Mann mehr, der
zur intensiven Aufklärung etwas beigetragen
hat. Denn daß Rousseau dies gethan hätte,
wagt doch selbst der Graf nicht von ihm zu sagen.
Er sagt: ce que la morale avoit jusqu' ici enseigné aux hommes, il le commande. So war es
bei ihm auch nur Einkleidung und lebhafter Vor=
trag längst gelehrter, längst erkannter Wahr=

heit,

heit, raison ornée substituée a la raison séche. S. 28.

6) **Raynal.** Wer mögte undankbar gegen den Mann sein, der uns ein so schönes Gemählde von Dingen und Vorfällen gegeben hat, welche die Menschheit so sehr interessiren. Aber ist sein schönes Gemählde deswegen auch immer richtig? Auf **Raynals** Wort soll man das alles glauben, nicht nur, was er aus den ihm mitgetheilten, nur ihm bekannten Quellen erzählt, sondern auch alles, was er daneben schildert. Der Graf hätte auch von ihm sagen mögen: Ce qu'un autre historien auroit enseigné, Raynal le commande. Ebenmaaß oder Adäquation des Inhalts kennt man in seiner Arbeit gar nicht. In seiner ersten Ausgabe vergaß er Bengalen fast ganz, und in der zweiten hat er nichts geliefert, was dieses wichtigen Gegenstandes würdig wäre.

7) **Voltaire.** Ich habe es gesagt *), und wiederhole es ungescheut: Man sage mir doch Eine wichtige Wahrheit, die Voltaire ans Licht gebracht hätte, Eine erhebliche Erfahrung, die wir

*) In der Abhandlung: über deutsche und französische Philosophie, im Märzmonat des deutschen Museum 1783. S. 212.

wir ihm zu banken hätten; nur Ein wichtiges
Refultat fremder Erfahrungen, das durch ihn
zuerſt einleuchtend gemacht wäre! Aber, ſagt
der Graf S. 29. N'eſt-ce pas Voltaire, qui a
preſenté Locke & Newton a l'Europe. Das iſt
wahrhaftig galamment peint 'a la Watteau par
Mr. le Comte de Rivarol! Aber wenns ganz
wahr wäre, ſo wäre es doch nur extenſive Aufklärung.

§. 37. Doch das folgende iſt zu artig, als
daß man es auch hier nicht noch einmal leſen
mögte. In jeder Ueberſetzung würde es verlieren. Nous ſommes les ſeuls, qui imitons les
Anglois; & quand nous ſommes las de notre
gout, nous y mélons leurs caprices: nous faiſons
entrer un meuble, un habit a l'Angloiſe, dans
l'*immenſe tourbillon* des notres, comme *une mode
poſſible*, & le monde l'adopte au ſortir de nos
mains. (Das wiſſen wir in Hamburg anders,
von woher die engliſchen Meublen dem ganzen
Norden mitgetheilet ſind.) Il n'en eſt pas ainſi
de l'Angleterre. Quand les peuples du Nord
ont aimé la Nation Françoiſe, ont imité ſes ma-
nières,

nières, exalté ſes ouvrages, ce *concert de toutes les voix a été troublé par le ſilence des Anglois.*
Ein Concert alſo, oder eine Harmonie aller Stimmen, geſtört durch Stillſchweigen! Nicht ungereimter ſprach jener in einer Tobacks-geſellſchaft: Reden Sie doch nicht ſo viel, meine Herren! denn Sprechen ſtört die Converſation. Aber ſo ſind unſre ſchönen Geiſter, die ſich nicht durch Leſung der Alten gehörig genährt haben. So iſt nicht der Graf allein, ſondern manche aus denen, die er ſo hoch preiſet. Antitheſen ſind die vorzügliche Würze ihres Kraftſtyls. Wenn ſie aber nach einer Metapher haſchen, ſo gerathen ſie, wie außer ſich. Dann bringen ſie Subjekte und Prädikate ſo in Einen Satz zuſammen, daß der geſunde Menſchenverſtand darüber erſtaunt. Erneſti zeigte dieß gern ſeinen Zuhörern an Bei-ſpielen aus den frühern Schriften Voltairens, an welche er doch den meiſten Fleiß und Ausfei-lung gewandt haben mag. Wenn der Mann, ſagte er, bei den Griechen und Römern in die Schule gienge, was hätte er da noch in richtiger Gedankenfügung zu lernen! Wenn der Graf gewußt hätte, was dieſer und andre gründlich

gelehr-

gelehrte Deutſche ſo oft, ſo laut und mit gehöri‐
gen Beweiſen über die Mängel der beliebteſten
franzöſiſchen Schriftſteller geſagt haben, dann
mögte er geſchrieben haben: Ce concert de tou‐
tes les voix a été troublé par *les cris des Alle‐
mands*; und ſo wäre ſeine Metapher richtig aus‐
gefallen.

§. 28. II. Eben dieſer Umſtand, der oft zu
leicht und zu geſchwind entſtehende Beifall Einer
großen Stadt und Hofes, nach welchem ſich die
ganze Nation richtet, wird natürlich die Urſache
von einem ſolchen Stolz, von einer ſolchen In‐
fatuation des franzöſiſchen Schriftſtellers, dem
es in Paris gelungen iſt, bey welcher er alle Auf‐
merkſamkeit auf das, was ihm an wahrer Auf‐
klärung noch ſelbſt fehlt, verliert, aber auch den
Reiz zu derjenigen Anſtrengung, welche es ihm
noch koſten würde, wenn er ſeiner Nation noch
mehr, noch gründlichere Aufklärung geben wollte.
Hierzu kömmt, daß in keiner Nation die Schrift‐
ſteller einander ſo aus voller Kehle loben, als
dieß in Frankreich geſchieht. Die aus des Gra‐
fen Rivarol Schrift angeführte Stelle iſt nur

Eins

Eins aus vielen Beispielen. Welcher Deutsche, welcher Britte würde mit einer solchen Begeisterung die Gelehrten seines Volks, deren Ruhm am meisten entschieden ist, loben wollen, oder, wenn er es gethan, sich nicht hintennach seines ausschweifenden Lobes schämen? Wer unter uns deutschen Schriftstellern bei dem schon in seiner Nation erlangten Ruhme noch ein gewisses Maas von Bescheidenheit in sich fühlt, der greife in seinen Busen, und untersuche, ob sein Herz stark genug seyn würde, diese Bescheidenheit noch zu behalten, ob ihm nicht auch zu schwindeln anfangen würde, wenn er in Frankreich versetzt wäre, und sich dort mit aufgerissenen Kehlen allenthalben und von jedermann gelobt hörte. Man sahe schon eine Folge dieser Bethörung unter Ludewig XIV., als Carl Perrault die Franzosen glauben machen wollte, daß sie schon damals größere Köpfe unter sich hätten, als das Alterthum jemals gehabt hätte. Er fand keinen Glauben. Denn die französischen Gelehrten jener Zeit kannten, so sehr sie sich durch seine Behauptung geschmeichelt sahen, das Alterthum und den Werth von dessen Schriftstellern zu gut.

Wenn

Wenn ein zweiter Perrault zu Ludwig XV. Zeiten ein gleiches behauptet hätte, so mögte ich unter den oben benannten, französischen Gelehrten nur einem Montesquieu zugetrauet haben, daß er ihm widersprochen hätte. Die übrigen mögten es bald als einverstanden angesehen haben. Bei uns und auch in Britannien muß ein jeder Schriftsteller es erwarten, daß er von jedem Recensenten mit oder ohne Grund, aber gewiß mit einer Einwirkung aufs Publicum, getadelt werde. In Frankreich wird dadurch nicht viel ausgerichtet, wenn die Nation einmal einen Mann für einen Lieblingsschriftsteller erkläret hat. Freron, Beaumelle und andre hatten wenig Glück davon, und wenig Stimmen auf ihrer Seite, als sie sich gegen Voltairens geschwind entschiedenen Ruhm auflehnten. Durch alle Critiken über die Encyclopädie ist nicht gehindert, daß nicht die Nation überhaupt, und insbesondere der Graf Rivarol, sie noch jetzt für das große Bassin ansähen, aus welchem sich alle Weisheit schöpfen läßt.

§. 39.

§. 39. III. Und eben dieser so laut werden=
de Beifall wird dann denen unter uns, welche
die französische Lectüre lieben, geschwinde kund.
Wir erfahren es sehr bald, wenn ein Gelehrter
in Paris für groß erklärt wird. Und so viele
Jahre gehören dazu, ehe ein Deutscher mit dem
gründlichsten Verdienst seinen Landesleuten recht
bekannt wird. Wir erfahren jenes in Ausdrük=
ken und in einer solchen Allgemeinheit des Lobes,
daß man Mühe hat, an der Größe eines Mannes
zu zweifeln, wenn die Nation so laut, so allge=
mein entschieden hat. Von dem besten deutschen
Schriftsteller aber erfahren wir doch gewöhnlich
einigen Tadel unter dessen gegründetem. Lobe,
oder können erwarten, daß der Tadel dem Lobe
bald nachfolgen werde. Das frommet freilich
bei manchem, indem es uns nieder hält. Aber
diese Folge hat es gewiß, daß ein deutscher
Schriftsteller in den Augen seiner Nation nie so
groß werden kann, als ein Franzose in den Au=
gen der seinigen. Bei schwachen, oder von aller
Untersuchung abgeneigten, nur durch den öffent=
lichen Ruf geleiteten deutschen Köpfen aber, muß
es auch die Folge haben, daß sie sich einbilden,

F   kein

kein deutſcher Gelehrter ſei jemals ſo groß geworden, oder könne ſo groß werden, als dieſer
oder jener Franzoſe. Denn ſie haben ja keinen
Deutſchen jemals ſo laut und ſo allgemein loben
hören.

§. 40. Wenn dann einer von dieſen ſo hoch
berühmten Männern über unſre Grenzen kömmt,
wie wird da ſeine Selbſtgenügſamkeit gemehrt!
Wenn Raynal es noch in Frankreich nicht geglaubt hat, daß er der erſte hiſtoriſche Schriftſteller
ſeiner Zeit wäre, ſo muß ihm die Ueberredung davon in Deutſchland entſtanden ſein, als er dahin
kam, inſonderheit an deutſchen Höfen das ihm
lodernde Rauchwerk des Lobes aufzuſchnupfen.
In England würde man ihm wenigſtens Robert-
ſon genannt haben, den die Nation beſſer kannte und vollkommen ſo hoch ſchätzte, als ihn Raynal. Wenn es aber ihm eingefallen iſt, in
Deutſchland zu fragen: wer ſind eure Geſchicht-
ſchreiber, welche die Geſchichte mit gehöriger
Philoſophie, Beobachtungsgeiſt und pragma-
tiſch behandeln? Wird da einer von denen Prinzen, denen er ſo vertraulich die Schultern klopf-
te,

te, oder eine von denen Hofdamen, mit welchen er so a la legère umging, ihm Mösern, Schlö=zern, Schröckh, Spittlern, Forstern Vater und Sohn und Sprengeln genannt haben? Es thut nichts zur Sache, daß Spittlers Deutsch noch zu Schwäbisch, und Forsters des Vaters Styl durch das Englische etwas verdorben ist, auch nicht, daß Schröckh bei seinen großen Ta=lenten manches zu geschwinde schreibt, manches zu sehr dehnt. Wer von Geschichtschreibern ler=nen will, lernt doch wahrhaftig mehr von diesen, lernt alles zuverläßiger, in jedem Fache, als aus Raynal in dessen Fache. Aber schwerlich hat jemand ihm einen dieser Männer genannt, und er wäre zu entschuldigen, der scheinbar so große Mann, wenn er bei seiner Rückkunft aus Deutschland seinen Landsleuten gesagt hätte: Dans une nation, qui compte ses auteurs par milliers, on n'a sî me nommer un seul historio-graphe, qu'on osât comparer avec moi. Seine Landesleute sind aber auch zu entschuldigen, wenn ihnen gar kein Verlangen entsteht, alle die Aufklärung zu benutzen, welche diese Deutschen, deren Ruhm nicht bis zu ihnen schallt, uns in

denen

denen verschiedenen Theilen der Geschichte, welche sie behandelten, verschafft haben. Verschie-
dene Franzosen haben die alte Handlungs-Ge-
schichte bearbeitet. Was sie darin geschrieben
haben, das wissen wir Deutsche so gut, wie die
Franzosen, auf den Fingern. Nun hat Raynal
etwas über die neuere Handlungsgeschichte geschrieben. Das wissen wir nun auch alles, und
noch mehr dazu. In der mittlern Handlungs-
Geschichte existirt kein französisches Buch, das
erwähnt zu werden verdient. Auch ihre besten
Geschichtschreiber haben kein Auge für die Handlungsgeschichte Frankreichs, selbst für die neuere
nicht. Vergebens habe ich bei ihnen eine etwas zusammenhängende Darstellung von dem
gesucht, was Colbert für die Handlung seines
Staats eigentlich gethan hat. Jetzt hat Fischer
uns einen Schritt weiter in der Geschichte des
Handels mittler Zeiten in Deutschland und in
Norden geführt. Meusel will uns noch weiter
führen. Sonst, ich bins gewiß, verspräche er
nicht, seine vorgenommene Arbeit dennoch zu
vollführen. Er wird es leisten können, zumal
da Fischers zweiter Theil nicht einmal die Er-
war-

wartung erfüllt hat, welche der erste bei vielen
Mängeln dennoch gab. Aber wenn auch Meusel geschrieben haben wird, so laßt uns einmal
sehen, ob und wenn die Franzosen von dieser
neuen geschichtlichen Aufklärung Nutzen ziehen
werden.

Auf diese und ähnliche Weise müssen der Lücken
immer mehr in der ganzen französischen Gelehrsamkeit entstehen. Wie viel deren bis daher schon
entstanden seyn, überlasse ich andern gründlichen
Kennern der französischen Literatur in ihrem jetzigen Zustande darzuthun.

§. 41. Zu jenen Ursachen kömmt nun noch
der verwirrte Zustand des deutschen Buchhandels.
In Leipzig geht jetzt der Umsatz unsrer deutschen
Bücher fast allein vor. Davon sollten nun gute
deutsche Bücher einen ähnlichen Vortheil haben
können, als welchen der Verlag und Verkauf in
den großen Städten, Paris und London den Französischen und Brittischen verschaffen. Aber hier
sind die Leser und die Käufer den Verkäufern
nahe. In Deutschland hängt der Leser und der
Käufer von dem Buchhändler seines Orts ab;

F 3

der

der auf der Messe ohne Geld erscheint, und von
dem besten Buche gar keine, oder nicht mehr Ab-
drücke in sein Sortiment kauft, als er für seine
eigne oft sehr schlechte Verlagswaaren eintauschen
kann. Der beste Schriftsteller, muß also erwarten, daß seine Geistes-Arbeit als eine Masse Pa-
pier für eine andre Masse geht. Mancher arm-
seelige Verleger nähme noch wohl sein Buch mit.
Wenn aber dessen Verleger nicht sein auf den
Markt gebrachtes Geschmiere dafür annehmen,
oder nur für Geld verkaufen will, so zieht er ohne
das Buch heim, und weiset den ersten auf ein solches Buch begierigen Käufer mit der Antwort,
es sey schon ausgegangen; er wolle es aber ver-
schreiben, so lange ab, bis er wieder anzufragen
vergessen hat. Indessen hängt doch unser Ruf
nicht nur von den Recensenten, die so manches
gute Buch ganz vergessen, oder schief beurtheilen,
sondern auch von der Menge und dem guten Ur-
theil unsrer Leser ab, zwischen welchen und uns die
Buchhändler großentheils in dem beklemmten Wege, worin sie ihre Handlung treiben, eine undurch-
dringliche Kluft bevestigen.

§. 42.

§. 42. Alle diese Ursachen vereint, die Abnei=
gung eines Volks von der Erlernung fremder
Sprachen, weil es an seiner eigenen in aller Ab=
sicht genug zu haben glaubt, der über Verdienst
erhöhete Ruhm der Gelehrten seines Landes, und
die Unkunde von allem demjenigen, was die Ge=
lehrten eines ihm so nahen Volks leisten, in wel=
chem zwar viel schlechtes geschrieben wird, aber
doch im Ganzen die allgemeinste Strebsamkeit für
die Erweiterung aller menschlichen Kenntnisse
herrscht, des einzigen Volks, in welchem kein
wichtiger Fortschritt andrer Völker in die=
sen Kenntnissen unbekannt bleibt, weil wir
deren Sprachen gern lernen; wenn, sage ich,
diese nicht ein mächtiges Hinderniß der fortgehen=
den Aufklärung sind, so muß man überhaupt auf=
hören, einen Zusammenhang zwischen Ursachen
und Wirkungen anzunehmen. So gewiß, als
ich von anhaltender Dürre auf Unfruchtbarkeit
und auf eine nahe Seichtigkeit der Ströme eines
Landes schliesse, eben so gewiß werde ich anneh=
men können, daß das Volk, welches unter diesen
Umständen sich mit seinen Kenntnissen isolirt, und
sich die Zuflüsse abschneidet, die ihm ausländische

F 4 Weis=

Weisheit gewähren könnte, in der Vergleichung
mit jedem Volke immer mehr zurück bleiben müsse,
in welchem diese Ursachen nicht Statt haben, aber
auch nicht andre Hindernisse der Erweiterung
menschlicher Kenntnisse zu mächtig entgegen
streben.

§. 43. Man hat mir erzählt, daß ein Fran=
zose gegen Eulern als einen Beweis der Vorzüge
seiner Nation, und wie wenig sie dabey auf die
Deutschen achte, angeführt habe, daß, da wir
so vieles aus ihrer Sprache übersetzten, sie bisher
nichts aus dem Deutschen übersetzt habe. Euler
hatte die Freude, ihm doch wenigstens die Ueber=
setzung des Eulenspiegels anführen zu können.*).
Nun übersetzen sie zwar schon bessere deutsche Bü=
cher, aber bisher doch noch nichts, als Werke
des Witzes. Wenn sie dahin gelangen, daß sie
auch Bücher übersetzen, die ihnen in Sachen=
kenntnissen Aufklärung geben können, so werden
diese doch kein Glück bei ihnen machen, und der
Nutzen davon wird sich nicht weit verbreiten.
Denn wer bey uns in Sachenkenntnissen gründ=
lich

*) La vie de Till Wlespiegle. Amsterd. 703. 12.

lich schreibt, denkt keineswegs an den Schmuck
des Vortrages, wie der französische Schriftsteller
auch noch bey ernsthaftem Inhalt thut. Solche
Schriften werden ihnen also nicht schmecken. Lä-
sen sie dieselben im Original, so würden sie sich
da bald an den Ernst des deutschen Styls in
Sachenkenntnissen gewöhnen, und den oft
ausserwesentlichen Schmuck, der ein Attribut ihrer Schriften ist, nicht vermissen. Wenn es also
dahin kommen sollte, daß sie deutschem Verdienst
in gründlichen Kenntnissen mehr Gerechtigkeit
wiederfahren ließen, wenn es einmal ein Geschäfte ihrer Gelehrten von mittlerem Range
werden sollte, der Nation die Aufklärung mitzutheilen, welche doch noch von uns sich holen
läßt, so werden diese doch nicht wagen, so treu,
wie ein Deutscher, zu übersetzen. Sie werden
umarbeiten, hier einkürzen, dort erweitern und
ausschmücken wollen. Oder sie werden aus unsern deutschen Schriften diejenigen übersetzen,
die aus deutschen guten Quellen geschöpft, ihnen
darin vorgearbeitet haben, und welchen sie ein
mis a la portée de tout le monde vorsetzen können. **Lambert** soll dem Könige, der ihn frag-

F 5   te:

te : en quoi confiste donc votre favoir? geantwor⸗
tet haben: Sire, je fais tout; hat er es nicht ge⸗
fagt, fo hat er es doch bewiefen, daß er wußte,
was menfchlicher Verftand nur wiffen fann, fo
bald er es wiffen wollte. Bis jetzt aber ift faft
alles, was er zur intenfiven Aufflärung beygetra⸗
gen hat, uns Deutfchen verblieben. Aber wer
wird es gerathen finden, den Franzofen, wenn
fie darauf begierig würden, das alles, fo wie es
Lambert gefchrieben hat, in ihrer Sprache zu über⸗
liefern. Ich bin gewiß, daß Frankreich genug
tiefdenkende Köpfe hat, welche die Lefung von
Lamberts Organon und Architectonik gar
wohl ertragen würden, wenn fie beide Werke
deutfch lefen fönnten. Aber als ein Buch, das
mit Hofnung eines hinlänglichen Vertriebes über⸗
fetzt werden fönnte, fönnen beide nicht erfchei⸗
nen. Wie aber ein Lambert mis à la portée de
tout le monde ausfehen mögte, weiß ich felbft mir
nicht einzubilden.

§. 44. Doch ich rede von einer Möglichfeit,
von welcher noch gar fein Anfchein da ift, daß in
Frankreich Wirflichfeit aus ihr werden mögte.

Mitt⸗

Mittlerweile ist doch klar, daß, so lange wir noch
fortfahren, beträchtliche Fortschritte in der intensiven Aufklärung zu machen, diese Lücke für jenes
Volk immer größer werden werde. Für uns
aber wird nie eine Lücke entstehen. Wir bleiben
immer bey den Franzosen. Sollte in dieser Nation ein zweiter Newton entstehen, so werden wir
es bald erfahren, alle seine Entdeckungen wissen,
und sie auch in solche Schriften eintragen, durch
welche auch der extensiven Aufklärung bei uns
fortgeholfen wird. Aber wenn ein solcher unter
uns Deutschen entstünde, so würde Zeit dazu gehören, ehe sein Verdienst in Deutschland gehörig
erkannt würde, noch längere, ehe einzelne Franzosen es beachteten, und wer weiß, wie eine lange? ehe sie die von ihm gegebene Aufklärung be-
nutzten. Eben so würde es in jeder andern Nation gehen, in welcher man mehr Scheu trägt,
Deutsch bis zum bloßen Verstehen zu lernen, als
wir es in Ansehung ihrer Sprache thun.

Izt machen wir deutsche Schriftsteller wirklich eine volle Römische Legion aus. (Man
sehe die letzte Ausgabe von dem Hamberger- und
Meuselischen Gelehrten Deutschland. So viele
Schmie-

Schmierer in dieser Legion mitgezählt werden,
so viele Männer auch unter uns sind, die über
Sachenkenntnisse zwar richtig und belehrend, aber
ohne allen Schmuck, selbst ohne Geschmack, ja
so gar ohne Richtigkeit der Sprache schreiben, so
ist doch gewiß, daß wir in diesen Sachenkennt=
nissen immer weiter kommen. Was unter uns
erfunden, entdeckt, aus alten Entdeckungen und
Erfindungen als ein richtiges Resultat geschlossen
wird, ist Gewinn für das Total menschlicher
Kenntnisse. Dem Ausländer steht das alles zu
Dienste. Will er es nicht wissen, will er es nicht
benutzen, weil er die Mühe der Erlernung unsrer
Sprache, auch nur bis zum Verstehen, scheuet;
so viel schlimmer für ihn! Für uns ist es inzwischen
reiner Gewinn. Wir haben doch das alles fürs
erste voraus. Dabei sind wir mit unsrer jetzigen
Lage recht wohl daran, die uns noch immer nö=
thigt, noch ehe es entschieden ist, ob wir aus un=
serm Sohn einen Geschäftsmann oder einen Ge=
lehrten ziehen wollen, ihn zur Erlernung mehre=
rer lebenden Sprachen anzuhalten. Denn eben
daher wird es unsrer Nation unter ihren Gelehr=
ten nie an solchen fehlen, die bald einen jeden
neuen

neuen Beitrag zur intensiven Aufklärung in jeder
Europäischen Nation benutzen, und dann dazu
beytragen, die extensive Aufklärung der Deutschen
dadurch zu bereichern. Da dies nun bei keinem
andern Volke eben so Statt hat, so ist eine natürliche Folge davon, daß von allem menschlichen
Wissen sich mehr in den Köpfen der Deutschlesen-
den Gelehrten in Norden überhaupt beisammen-
finden müsse, als in den Köpfen irgend einer andern Nation.

§. 45. Die Bibliotheken eines jeden Landes
zeugen von dem Zustande der Wissenschaften in
demselben, so wie sie ein Mittel zu deren Beförderung sind. Aber wie unterscheiden sich nicht
die Verzeichnisse öffentlicher und Privatbibliothe-
ken im Norden vor denen im übrigen Europa.
Einer französischen oder britischen Bibliothek
mangeln nun seit so vielen Jahren, da unsre
Gelehrte nur selten Latein schreiben, fast alle
Werke, in welchen deutscher Fleiß dem menschlichen Wissen vorwärts zu helfen gesucht hat.
Einer der letzten Schriftsteller, dessen Werke sie
mit Achtung aufnahmen, war Mosheim. Er

fand-

ſandte den Britten ihren **Cudworth** überſetzt und
herrlich erweitert zurück, und zeigte ihnen, wie
weit er über dieſen ihren Philoſophen hinaus ſä=
he. Wolffens lateiniſche Werke ſind ihnen we=
nig bekannt worden. Sie konnten auch aus ih=
nen nicht ihn ſo ſchätzen lernen, wie ſie es aus
ſeinen kürzern bündigern deutſchen Schriften mög=
ten gethan haben. Bruckers Geſchichte der
Philoſophie gieng auch noch häufig zu den Aus=
ländern. Denn ſie war bey allen ihren Unvoll=
kommenheiten doch beſſer, als alles, was ſie
ſelbſt hatten. Nach dieſen Büchern aber fehlt
ihnen alles, was deutſcher Fleiß in der Philoſo=
phie und deren Geſchichte geleiſtet hat. Und dieß
iſt doch wahrhaftig nicht ein geringes. Das we=
nige aber, was ſie ihrer Seits geleiſtet haben,
kennen wir alles, und brauchen es, wozu es gut
iſt. So manches fremde Buch iſt, durch Deut=
ſche überſetzt und bearbeitet, erſt das geworden,
was es nach dem Willen ſeines Verfaſſers ſeyn ſoll=
te, aber aus Mangel an Sprachenkunde und Li=
teratur unter deſſen Händen nicht werden konnte.
Garve hat ſchon ſo manches mittelmäßige Pro=
duct ausländiſcher Köpfe zu einem nun erſt le=

ſens=

senswürdigen Buche gemacht. Priestley schrieb eine Geschichte der Optik. Klügel hat sie schon vor zehn Jahren übersetzt, und die Lücken, welche jener lassen mußte, ausgefüllt. Für die Britten aber sind dieß, soviel ich weiß, noch immer Lücken, weil Klügel jetzt nicht mehr, so wie Mosheim vor funfzig Jahre, den Cudworth, lateinisch übersetzen und ergänzen durfte. Dergleichen Beispiele könnte ich viele sammeln. Ich glaube freilich, daß eben dies eine Ursache geworden ist, warum wir bey den Ausländern weit mehr, als ehemals, herabgewürdiget werden. Weil wir nicht mehr in der Sprache schreiben, in welcher sie uns lesen können, so werden sie sehr geneigt anzunehmen, daß überhaupt nichts vernünftiges, nichts lesenswerthes mehr in Deutschland geschrieben werde. Aber wir haben eben soviel Ursache, als sie, um der ertensiven Aufklärung willen, und weil in der jetzigen Generation so viele Tausende lesen wollen, was ihre Väter nicht lasen, in unsrer Landessprache zu schreiben.

§. 46. Ein großes Uebel für unsre Nation entsteht aus der Mittheilung dieses Vorurtheils
für

für französische Gelehrsamkeit und Behandlung der wichtigsten Sachenkenntnisse an so viele Deutsche, insonderheit diejenigen, von welchen es am meisten zu wünschen wäre, daß sie doch vorzüglich von Deutschen diejenige Aufklärung erlangen mögten, deren sie nach dem Standpunct, den sie unter uns haben, so sehr bedürfen. Demüthigung war es freilich für uns deutsche Schriftsteller, recht viele Demüthigung; als der große König, selbst ein Deutscher, uns allen so vor die Stirn sagte, daß alle unsre Gelehrsamkeit sogar nichts in seinen Augen sey, und noch uns die Franzosen als die einzigen unsrer Nachahmung würdigen Muster vorstellte. Aber wir haben sie verschmerzt und konnten sie verschmerzen, weil wir wußten, daß der große König uns nicht kenne, auch nie uns gehörig habe kennen wollen.

§. 47. Wahr ist es, als eben dieser große König von der Seine Strande her Voltairen und so viele andere zu seiner Unterhaltung herbeirief, da mögte man ihm nicht vier deutsche Gelehrte haben aufsuchen können, welche durch hinlängliche Mannigfaltigkeit der Kenntnisse und eine
nur

nur erträgliche Gabe der Unterhaltung sich ihm
hätten angenehm machen können. Ich gebe vier
zu; wiewohl ich keinen außer Mosheim zu nen=
nen mich getraue, der dem Könige gewiß hätte
Gnüge thun können, wenn derselbe ihn gefen=
net, und Mosheim nicht schon damals das Ge=
hör fast ganz verlohren gehabt hätte. Unsre Art
zu studiren war noch zu einförmig. Der wahre
Gelehrte verstand nur einzelne Dinge gründlich.
Die Sprache wissenschaftlicher Bücher entfernte
sich noch zu sehr von der Sprache des feinen Um=
gangs, und selbst diese fieng eben damals erst
an, durch Werke deutschen Witzes zu gewinnen.
Dazu kam, daß nach dem dreyßigjährigen Krie=
ge die Fürsten und andre Große Deutschlands
den Stolz, wie die Pracht, des französischen
Hofes so nachahmten, daß kein deutscher Ge=
lehrter sich anders, als mit Zittern, ihnen na=
hen durfte, und sich glücklich achten mogte, wenn
er ohne empfindliche Demüthigung aus ihren
Augen kam. Der gute Wagenseil erzählt noch
im J. 1705. mit Entzückung die hohe an der Ta=
fel eines Grafen in Wien ihm wiederfahrne Ehre,
da ihn die Frau Gräfin neben sich zu sitzen genö=

thigt

thigt. Die Erzählung steht in dieses zu seiner
Zeit durch seine Bemühung um die Pädagogik
berühmt gewordenen Mannes Buche von der
Erziehung eines Prinzen, der an allem
Studieren einen Abscheu hat. Leipz. 705. 4.
Der Mann reisete mehrmalen nach Wien, hatte zweimal für seine geringe und unwürdi-
ge Person das Glück und die höchste Ehre,
von der Römisch-Kayserl. Majestät zur Au-
dienz allergnädigst fürgelassen zu werden,
und scheint sich überhaupt in der damals noch so
dicken Wiener Hofluft ganz wohl befunden zu haben. Nach zweien Tagen, sagt er S. 313. ließ-
sen des Herrn Grafen von Windischgräz Hoch-
gräfl. Exc. mich abermal zur Tafel rufen. Und,
wie ich mich gehorsamst in dem Speisesaal ein-
fand, waren nur drey Couverts auf der runden
Tafel aufgelegt, zwey oben, und eins ganz un-
ten, aus denen, daß die zwey obern für der
Frauen Gräfin und des Herrn Grafen hohe Exc.,
das untere für mich gehörig, ich nicht zweifelte.
Es wird auch gar gewiß der Tafeldecker keine andere Gedanken gehabt haben, als, daß die Stellen auf besagte Weise würden eingenommen werden.

den. Allein nachdem hochermeldete Excellen=
zien erschienen und sich zu Tische setzeten, befahl
der Herr Graf, das Couvert, so zu Ende der
Tafel war, gegen deren Mitte auf der linken
Seite zu rücken, selbige Stelle einnehmend, und
hieß mich oben an zu seiner Frau Gemahlin sez=
zen. Ich erschrack über dieses Zumuthen,
und bat ganz erröthet, wenn mir S. E. so
gnädig, als ich Sie zu seyn glaubte, Sie sich be=
greifen, und eine solche Missethat, die kaum
größer seyn könnte, zu begehen, mit Ernst
von mir nicht erfodern würde. Allein Sie (nemlich
des Grafen Excell.) wiederholten ihren Geheiß, und
die alles Lobes würdigste Frau Gräfin Maria The=
resia, gebohrne Gräfin von Saurau, so annoch
und, Gott gebe sehr lange, lebend, und welche
wegen verwunderbarer Tugend, Verstand,
Schönheit und aller hohen vollkommnen Gaben,
so eine edle Dame jemals besessen, nicht allein
des kaiserlichen Hofes, sondern alles abelichen
Frauenzimmers wahre Zierde genennet werden
mag, sagte auch: der Herr komme nur, und setze
sich zu mir. Nun wohl, war meine Antwort, ich
folge einem Befehl, dem niemand auf der Welt

sich

sich widersetzen würde; und die Ehre, so mir heute angethan wird, will ich unter die größesten, so mir jemals widerfahren schreiben, kann auch niemand ungleich aufnehmen, wann ich mich deren bey Gelegenheit öffentlich berühme, sintemahlen der berühmte französische Medicus, Guido Patin, sich in einem seiner französischen Sendschreiben sehr groß macht, daß ihn Mr. le premier President zu Paris zu Gast gehabt, und nur zwischen seine Gemalin und sich gesetzt, hievon, soviel mir erinnerlich, schreibend: Je soupai dernierement chéz Mr. le Premier President, qui m'envoya inviter dès le matin. Il me traite avec cette familiarité de me faire asseoir entre lui & Mad. la premiere Presidenté, & je ne puis le refuser. Also war es denn auch zu Patins Zeiten ebenfalls in Frankreich ein Großes für den Gelehrten, zwischen einem Wirth und Wirthin von Range zu sitzen, wenn er mit ihnen von der Serviette aß. Doch auch noch jetzt kömmt es einem Elsasser Ritter schwer an, einen deutschen Gelehrten anders als mit einem Er anzureden. Man s. das Journal von und für Deutschland S. 225. des Jahres 1784.

Das

Das alles aber hat sich sehr geändert. Unsre gründlichen und helldenkenden Gelehrten sprechen nun nicht mehr die trockne Büchersprache. Sie können es wagen, sich den Großen Deutschlandes mehr zu nähern, ohne den Pedanten oder den blöden Schulknaben in ihren Augen zu spielen. So mancher Fürst, so mancher Mann des höchsten Ranges nächst den Fürsten Deutschlandes, erfährt und fühlt dieses, und läßt sich den so leichten und angenehmen Weg zur Mittheilung der Kenntnisse und Einsichten denkender Köpfe durch den Umgang mit ihnen gern gefallen. Dies hat freilich schon viel gewirkt, aber doch noch nicht so viel, als zu wünschen wäre, daß es wirken mögte. So mancher große Mann bey uns schätzt nur den deutschen Gelehrten nach dem Verhältnisse der Bekanntschaft mit fremder insonderheit französischer Litteratur, die er bey ihm findet, braucht ihn als ein Mittelding, um sich über seine französische Lectüre mit ihm zu unterhalten, fragt aber nach seinem eignen besser durchgedachten Wissen nicht. Mancher erlaubt auch nur deswegen dem deutschen Gelehrten sich ihm zu nähern, weil es in Frankreich der Großen

G 3   Wei=

Weiſe iſt, d'avoir un ou pluſieurs ſavans à leur
ſuite ou tantôt à leur table.

§. 48. Ich muß hier noch zuletzt eine Ab
ſchweifung machen, um unſern deutſchen Ge
lehrten eine Warnung zu geben, deren viele un
ter ihnen ſehr zu bedürfen mir ſcheinen. Wir
könnten es den Fürſten und überhaupt den Großen
Deutſchlands etwas mehr danken, daß ſie jetzt
herablaſſender gegen Leute unſrer Art ſind, als
ihre nächſten Vorfahren es waren, und daß ſie
mit uns als mit Menſchen umgehen, deren Gei
ſtesfähigkeiten den weiten Abſtand des Ranges
erſetzen. Aber es iſt der Ton ſo manches Schrift
ſtellers die Fürſten und Großen unſrer Zeit härter
und unbilliger zu beurtheilen, als er ſich gegen
Menſchen ſeines Gleichen erlauben würde. Ich
ziele nicht mit dieſer Anmerkung auf die Freiheit,
mit welcher die Misgriffe manches kleinern oder
größern Regenten in ſeiner Staatswirthſchaft,
oder andere den Unterthanen nachtheilige Fehl
tritte derſelben in manchen Schriften unſrer Zeit
aufgedeckt werden. Es iſt jedem Zeitalter, es iſt
auch dem unſrigen zuträglich, hier oder dort einen

Bot

Boccalini zu haben, und dann ist es um so viel
besser, wenn diese Aufdeckung von Fehlern der
Regenten nicht mit leerer Declamation über Des
potismus oder Oligarchie, sondern mit Darles
gung zuverläßiger Thatbeweise, geschieht.

Besser wäre es doch gewiß, wenn nicht ein
jedes Schriftstellerchen, wenn er von öffentlichen
Angelegenheiten schreibt, den Boccalini gegen die
Fürsten unsrer Zeit zu spielen wagte; besser wäre
es, wenn er so lange schwiege, bis er aus Thatsachen
urtheilen kann, nicht auf jede flüchtige unrichtige
Bemerkung Urtheile gründete, die auch gegen einen
Mann seines Gleichen zu gewagt scheinen würden.
Seltsam ist es, daß unsre Schriftsteller gerade
gegen solche Fürsten ungezogen schreiben, die den
Gelehrten sich am liebsten nähern. Wer kann
das Geschwätz ohne Unwillen lesen, mit welchem
ein Männchen dieser Art der Falsche Faustin, in
dem dem Verfasser des ersten untergeschobenen
zweiten Theile, den würdigen Nachfolger und
Nachahmer Ernsts des Frommen in der Achtung
seiner Zeitgenossen herunter zu setzen wagt.
Ihm ist fast zu ernsthaft im Märzmonat des deutschen Merkurs 1785. geantwortet worden. Jedermann aber weiß doch, daß deutsche Gelehrte
an keinem Hofe eine bessere Aufnahme finden,
als bei diesem würdigen Fürsten, so bald sie sich
seiner Aufmerksamkeit einigermaßen würdig machen

chen. Nun ſtelle ich mir ein Schriftſtellerchen
vor, daß mit größern Erwartungen nach Gotha
kam, als ihm erfüllt wurden, oder nach dem kleinen Maaße ſeines Verdienſtes erfüllt werden
konnten, und der vielleicht blos deswegen Rache
üben zu dürfen glaubte, ohne darauf zu achten,
wie bald die Wahrheit laut wider ihn reden würde. Solcher Beiſpiele ließen ſich aber weit mehr
auffinden. Ich könnte einen der würdigſten
deutſchen Fürſten nennen, der faſt mit keinem
derjenigen Gelehrten glücklich geweſen iſt, die er
zu ſich zog, und ſich von ihnen verlaſſen ſah, ohne daß ſie ihm den Zweck ihrer Berufung erfüllt
hätten. Ich weiß wohl, daß dies nicht Fehler
deutſcher Gelehrten allein ſind. Auch der große
König hat nicht von allen Ausländern, die er zu
ſich zog, anhaltenden Dank und Gründe, mit ihnen zufrieden zu ſein, gehabt. Aber jetzt, da die
Großen Deutſchlandes erſt anfangen, ſich uns zu
nähern, jetzt wünſche ich, zur Ehre deutſcher Ge-
lehrſamkeit und zur Beförderung von deren Verbreitung unter den Großen Deutſchlandes, daß
unſer Betragen im Umgange und in Schriften
überhaupt dem Verhältniſſe angemeſſener ſeyn
mögte, welches durch die Herablaſſung der Fürſten und Großen zu uns doch keinesweges aufge-
hoben wird.